정치는
도시를
바꾼다

정치는 도시를 바꾼다

박주민 지음

서울 주민 박주민의 서울 재설계

Minimum Seoul Maximum Seoul

혜윰터

정치는 도시를 바꿉니다, 우리는 세상을 바꿀 수 있습니다

"20년 전쯤으로 기억합니다. 눈이 펑펑 쏟아지는 크리스마스이 브에 철거민분들과 함께 한 구청 주차장에서 눈을 맞으며 구청장 을 만나려 하염없이 기다렸었습니다. 굉장히 귀여운 꼬마들도 섞 여 있었습니다. 결국 구청장은 볼 수 없었습니다. 참 문턱이 높다 고 느꼈었습니다. 저의 스무 살 청춘은 그 '문턱'을 확인하는 것에 서 시작했습니다.

그 이후에도 여러 곳에서, 여러분과 함께 있으면서 우리 사회 곳 곳에 있는 높은 문턱들의 존재를 확인했습니다. '국민'이라고 불리 는 사람들은 문턱을 넘을 권한도, 방법도 충분하지 않다고 느꼈습 니다. 대한민국은 민주공화국이라는 헌법 속 문장이 하나의 장식 처럼 느껴질 때가 많았습니다. 세월은 흘렀어도 크게 바뀌는 것은 없었습니다."

제가 국회의원에 도전하면서 썼던 글의 일부입니다. 저는 변호사로, 정치인으로 살아오면서, 여러 도전을 해왔습니다. 이 책의 첫 번째 장에서는 정치인 박주민이 사회의 문턱을 낮춘 성과와 도전에 관한 이야기를 담았고, 두 번째 장에서는 '보다 낮춰야 할 앞으로의 문턱'에 관한 저의 생각과 계획을 담았습니다. 그렇게 문턱은 낮추고 올라가는 사다리는 놓는 일들을, 지금 서울에서 시작해보려 합니다.

제가 서울에 대해 본격적으로 고민하기 시작한 건 '바로 지금이 서울의 결정적 순간'이라는 생각 때문이었습니다. 이재명 대통령님이 신년 기자간담회에서 '지금이 대한민국의 결정적 순간이다'라고 말씀하셨던 것과 궤를 같이합니다.

서울은 대한민국에서 가장 빛나는 도시이지만, 갈수록 수축되고 고령화되고 있습니다. 청년들이 정착하지 못하고, 때가 되면 떠나야 하는 도시가 되었습니다. 이로써 서울의 활력이 떨어지고 있지만, 한편으론 서울의 활력이 떨어져서 생기는 현상이기도 합니다. 또 서울은 AI 전환 등 세계적 대전환에 적응해야 하는 상황입니다. AI 전환에 대한 대응은 하루가 늦으면 1년이 늦는다는 이야기가 있을 정도이니, 신속히 추진되어야 합니다. 아울러 서울이 누려온 지위에도 상당한 변화가 예상됩니다. 이번 지방선거를 통해 대전-충남, 광주-전남 등이 통합되면서 새로운 '특별시'가 되어 서울시와의 경쟁을 예고하고 있습니다. 게다가 대통령 집무실과 국회가 세종 이전을 계획하고 있어 정치수도로서의 지위와 위상은 약화될 것으로 보입니다. 이런 거대한 변화들은 서울의 위기도, 기회도 될 수 있습니다.

그렇다면 위기의 서울은 어떻게 해야 할까요? 기존의 성공방식을 답습하거나 현재를 관리하는 것만으로는 기회를 만들 수 없을 것입니다. 미래의 시간을 현재로 앞당겨 오는 도전이 필요합니다. 이 책의 세 번째 장에는 서울의 위기를 극복하고, 살 만한 도시로 '머물며 꿈꾸고 도전할 수 있는' 서울의 재탄생을 위한 아이디어 일부도 담았습니다. 그리고 마지막으로 앞에서 다뤄온 내용을 갈무리하며 대한민국과 수도 서울이 마주한 명백한 위기를 대응하기 위한 '새로운 사회계약'에 대한 내용을 담았습니다. 시민의 참여와 동의를 통해 사회적 에너지를 모으는 구조를 만들고 그 결과를 정책과 행정으로 환원하는 새로운 사회계약의 체결 과정이 지금 대한민국과 서울에 필요합니다.

이 책을 통해 부족하나마 제가 바라보는 대한민국과 서울의 문제들 그리고 그 문제를 해결하기 위해 제가 오랫동안 고민하고 계획했던 생각들 중 일부를 보여드리려고 합니다. 이 글이 있기까지 저와 함께 고민해주신 모든 분들께 감사드립니다. 100번을 다시 생각해도 늘 미안한 아내이자 나의 짝꿍 강영구, 언제나 나를 힘나게 하는 너무 사랑하는 우리 딸 솔이, 지금은 별이 돼 떠나신 아버지와 늘 제가 언급되는 뉴스를 찾아보시면서 조마조마한 마음으로 기도하고 응원해주시는 어머니께 감사의 인사를 드립니다. 그 누구보다 따뜻하게 저에게 조언해주시는 유시민 작가님과 숫기 없었던 정치 신인을 잘 이끌어주신

故 이해찬 대표님께 그리움과 감사함을 보냅니다.

  또한 이 책이 나올 수 있도록 함께 고민해주시고 함께 꿈꾸어주신 김세용 교수님을 비롯한 여러 교수님과 전문가분들, 저의 모자란 글을 다듬어주신 김현아 작가님께도 감사의 인사를 드립니다. 어느 순간에도 저를 믿어주신 사회적 참사 피해자분들께도 감사드립니다. 누구보다도 제 여정에서 나침반이 되어주신 수많은 당원, 시민 여러분, 고맙습니다. 여러분을 만난 것은 제 행운입니다.

2026년 2월

박주민

차례

PART 1

박주민이 넘은
15개의 문턱

01

'거리의 변호사'에서 '별종 국회의원'으로, 국회의 문턱을 넘다

1990년대 서울대 법대 학생운동권 사이에선 사법고시가 '배신'으로 통했습니다. 당시 학생운동에 전념하던 저에게도 사법고시 도전은 제 인생계획에 없던 일이었습니다. 그랬던 제가 사시를 봐야겠다고 결심한 건, 1996년 겨울이었습니다. 소복이 내린 눈으로 세상은 아름다웠지만, 모두에게 아름답진 않았던 크리스마스이브였습니다. 당시 신도림동엔 작은 철거촌이 있었고, 갈 곳 없는 세 가구만이 남아 있었습니다. 저를 비롯한 서울대 법대 학생회 동기들은 그곳에서 철거민들과 함께 거주하며 그들의 터전을 지켰습니다. 지켰다기보다 버텼다는 표현이 맞을 것 같습니다. 모든 출구가 막힌 그들에게 유일한 희망은 공공임대주택으로의 입주였고, 입주자격은 당시 구로구청장 손에 달려 있었습니다. 반협박 반구걸로 어렵사리 구청장과의 약속을 잡고, 철거민들과 법대 학생회 동기들은 희망이 현실이 될 것 같아 어찌나 행복해하던지요. 구청장과 만나기로 한 날은 마침 흰 눈이 내리는 크리스마스이브였습니다. 성탄 선물을 받는 기분으로 어르신 아이들 할 것 없이 모든 철거민들이 구청으로 향했습니다. 하지만 구청 입구에서부터 제지를 당했고, "구청장과 만나기로 했다"고 소리쳐봤지만, 성탄 전야의 희망은 끝끝내 가난한 사람들의 편이 아니었습니다. 밤새 눈을 맞으며 구청장이 만나주기만을 기다리면서 바라봤던, 눈물로 얼룩진 철거민들의 얼굴을 지금도 잊을 수 없습니다. 그때 전 비로소 변호사가 되기로 마음먹었습니다. 가진 게 없는 사람이, 자격이 없는 사람이, 누군가를 지킨다는 게 얼마나 부질없는 일인지, 뼈저리게 느낀 밤이었습니다. 당당하게 구청장실 문을 언제라도 두드릴 수 있는 '그들 기준의 자격'이 반드시 필요한 사회라는 걸 깨달았습니다.

제가 그 문턱을 넘어서, 가난하고 힘없는 사람들을 위해 함께 문턱을 넘고, 문턱을 낮춰야겠다고 다짐했습니다.

변호사가 되고 국회의원이 돼서도, 전 저를 만나야겠다는 분들이나 단체는 가급적 오래 기다리게 하지 않고 만나려고 합니다. 민변(민주사회를 위한 변호사 모임) 때에 세 차례 연속 '접견왕'을 수상했던 것도 그 때문이었습니다. 적어도 1996년 구로구청 앞 사연이 박주민 앞에

재연되는 일은 없도록 해야 했으니까요.

제가 사법고시에 도전한다고 하자, 가장 반색했던 분들은 역시 부모님이었습니다. 아들이 서울대 법대에 들어갔지만, 성적은 바닥이고 가는 곳은 농촌이나 공장 철거촌, 아니면 거리의 시위 현장이었으니 말씀은 안 하셔도 속은 말이 아니셨을 테지요. 그러나 아들이 왜 사법고시에 도전하려는지는 모르시니, 이왕이면 판검사를 하라고 하셨습니다. 제가 단호하게 변호사가 될 거라고 말씀드리자 부모님의 반응이 지금 생각하면 퍽 재밌었습니다. "단 하루만이라도 판검사를 하면 안 되겠냐."

변호사가 되기로 마음먹은 이상, 저는 밤낮없이 열심히 공부했습니다. 그리고 1년 반 만에 사법고시 1, 2차에 합격했습니다.

연수원 시절을 마치고, 한 로펌에 들어갔는데 로펌 선택 기준은 한 가지였습니다. 로펌 일을 하면서 저의 개인적인 공익활동을 보장해줄 것. 그렇게 계약이 성사돼 6년간 첫 직장에서 재밌게 일했습니다. 돈도 꽤 벌었습니다. 하지만 한편으로 제게 '로펌 변호사'라는 타이틀은 안 맞는 기성복을 입은 것처럼 어색했고, 6년 차 변호사가 된 입장에선 로펌에서 시키는 일을 하는 것을 넘어 회사를 위해 영업까지 해야 하는 위치에 섰다는 점도 고민스러운 지점이었습니다. 그래서 고민 끝에 첫 직장을 그만두고 '법무법인 이공'을 만들어 공익사건을 주로 맡아 진행하면서 민변 사무차장을 하게 됐습니다. 이전에 비해 벌이는 형편없었지만, 마침내 꿈꾸던 '거리의 변호사' 삶을 진정으로 할 수 있었던 행복한 시절이었습니다.

사실 민변에는 저 말고도 거리의 변호사들이 많았지만, '거리의 변호사=박주민'의 타이틀을 대중에게 각인시킨 두 가지 사건이 있었습니다.

첫 번째 사건은 야간집회 위헌소송이었습니다. 광우병 의험 미국산 쇠고기 수입반대 촛불시위에서 연행된 많은 분들을 변호하다 보니 헌법이 보장한 '집회 및 시위의 자유'가 자유가 아니라는 걸 목격하고 체험하게 됐습니다. 문제는 법이었습니다. 「집회 및 시위에 관한 법률」에서 해가 지면 어떤 형태든, 어떤 규모든, 어느 장소든 집회를 금지하고 있어 야간 옥외집회가 원칙적으로 금지되고 있었습니다. 이런 법의 모호함은 공권력의 자의적 판단과 처벌을 가능하게 했습니다. 헌법이 보장한 권리인데도 모호한 법 조항 때문에, 기본권의 근간을 흔들고 있었던 겁니다. 즉시 저는 이 조항의 위헌 여부를 다투는 헌법소원 사건에서 청구인 측 대리를 맡아 진행했고 마침내 2009년, 헌법재판소로부터 헌법불합치 결정을 받아냈습니다.

당시 헌법재판소로부터 헌법불합치 결정을 받아내지 못했다면, 국정농단 박근혜와 내란수괴 윤석열을 탄핵했던 '촛불집회'와 '빛의 혁명'은 공권력에 의해 무참히 짓밟히고 말았을 겁니다.

2017년, 박근혜 퇴진을 외치며 광장을 가득 메운 수많은 촛불, 2025년 윤석열 퇴진을 외치며 광장을 메웠던 깃발 부대과 응원봉을 바라보면

'세월호 참사 구조 방기 규탄 긴급 촛불집회'에서 발언하는 모습 ©뉴스1

서, 이 거리의 집회가 가능케 했던 2009년의 변호사 박주민이 있었음을 혼자만의 벅찬 자부심으로 간직하고 있습니다.

두 번째 큰 계기는 세월호였습니다. 세월호 참사 발생 후, 청와대 앞 청운동 첫 번째 집회 신고는 제가 냈습니다. 이후 저는 세월호 참사 피해자 가족들의 법률대리인으로서, 그들이 있는 곳이라면 어디라도 함께 있었습니다.

그 기간 동안 저는 변호사라기보다 그들의 동지였습니다. 뜻이 맞는 변호사들과 함께 공익을 위해 일하자는 취지로 법무법인 이공을 창립했지만, 수백 명에 이르는 피해자 가족들의 이야기를 듣고 서로 다른 감정과 입장을 조율하며 하나의 대오로 나아가는 일에 매진하는 과정이 녹록지만은 않았습니다. 가장 중요한 결정은 당사자 유가족이 직접 내려야 했고, 저는 법률대리인으로서 그 옆을 지키고 지지해줄 수밖에 없었습니다. 함께 울고, 함께 분노하고, 마음을 다스리는 일상의 반복이었습니다.

거리에서 보낸 그 시간은 변호사인 저도 어쩔 수 없는 법의 한계에 무수히 부딪히면서 좌절했던 시간이었고, 인간의 존엄이란 무엇인지 되묻는 시간이기도 했습니다. 쌍용자동차 해고 노동자들, 제주 강정마을 주민들, 밀양 송전탑 문제까지. 그 과정에서 억울하고 괴로운 몸부림에 스스로 목숨을 끊기까지도 하는 사람들을 보면서, 자책과 다짐으로 거리에서 그들과 함께 해왔습니다. 당시의 고민과 다짐이 지금까지 거리의 변호사 박주민을 세상으로 떠밀어온 힘이 됐습니다.

2016년, 더불어민주당 영입인사로 정치에 입문할 때 저는 스스로에게 다짐했습니다. "문턱을 낮추는 민주주의를 하겠다"고. 정치가 특정인의 권력이 아닌, 국민들이 나아가는 통로가 되고 시민들의 권력이 되길 바랐습니다. '거리의 변호사' 박주민이 은평갑 국회의원 후보로 출마했을 때, 자발적으로 도와주신 수많은 시민들을 보며 저의 가슴은 뜨거웠고 제가 걸어온 길이 헛되지 않았음을 깨달았습니다. 약자 편에 서 있겠단 다짐은 오만이었고, 그들의 지지와 응원 속에 박주민이 존재했음을 깨닫는 순간이었습니다. 그리고 4월 15일, 은평갑 국회의원으로 당선됐던 날, 전 선거운동 기간 트위터로 온 메시지를 다시 찾아 읽어봤습니다. "힘 없는 수만, 수백만 사람을 대변해주십시오." 그 메시지는 정계에 입문한 저의 초심이었고, 정치인 박주민의 문장이 됐습니다. 혹시라도 그 초심을 잊고 세력과 조직과 권력과 타협하게 되는 순간이 온다면, 박주민은 지금의 자리에서 내려오겠다고 그날도 오늘도 다짐합니다.

그리고 거리의 변호사 초선 박주민은 국회의원으로서, 세월호특별법 개정안을 첫 번째 법안으로 발의했습니다.

두 번째 문턱

초선 박주민,
헌정사상 최초의 패스트트랙에 도전하다

국회의원이 됐지만, 초선인 저에게 국회의 문턱은 여전히 높았습니다. 생각한 법안은 많았지만, 혼자서는 법안을 발의하기도 통과시키기도 어려웠습니다. 〈딴지일보〉의 김어준 씨가 말했던 것처럼 저는 "지적 기백과 선한 용맹을 갖춘 나무늘보, 이 불가사의한 조합을 실증하는 희한한 영장류, 박주민"이었습니다. 여전히 별종인 초선 의원 취급을 받았기 때문에, 국회의 문턱은 거대한 벽처럼 느껴졌습니다. 그 벽은 관행이라는 이름이기도 했고, 냉정한 침묵이기도 했으며, 게으르게 미뤄진 안일함이기도 했습니다.

그렇다고 의기소침하며 좌절할 제가 아니었습니다. 거리에서 굴러먹던(?) 희한한 별종에게 이쯤이야……. 제 앞엔 저만 바라보는 세월호 유가족이 있었고 2014년 4월 16일에 멈춰선 노란 리본의 연대가 있었습니다. 반드시 세월호 2기 특조위(특별조사위원회)를 만들어야 했기에, 헌정사상 처음으로 '패스트트랙'에 도전했습니다. 제가 처음으로 넘고자 한 문턱은 사회적 참사 및 안전사회 건설을 위한 특별법, 이른바 2기 특별조사위원회법, '사참위법'이었습니다.

2016년, 당시 1기 세월호 특별조사위원회의 임기 종료가 다가오고 있었고, 세월호 피해자 가족들과 국민들이 특조위 연장을 요구했지만 박근혜의 반대로 결국 무산됐습니다. 그렇게 또다시 세월호의 시간이 멈추려는 순간이었지만, 저는 이대로 멈출 순 없었습니다. 저라도 세월호의 시곗바늘을 돌려야 한다는 심정으로, 그해 12월 19일, 사회적참사특별법을 발의했습니다. 문제는 국회 상임위 구조였습니다. 세월호 참사를 담당하는 상임위는 농림축산식품해양수산위원회였고, 그곳에는 자유한국당 의원들이 다수를 차지했기 때문에, 법안 통과는 현실적으로 불가능했습니다. 그래서 전략을 바꿨습니다. 세월호 참사에 가습기 살균제 사건을 함께 묶어 법안을 구성했고, 민주당·국민의당·정의당 의원 10명이 환경노동위원회에 부의했습니다. 3당 의원들의 찬성으로 사회적참사특별법은 환경노동위원회에서 신속처리안건(패스트트랙)으로 지정됐습니다. 그리고 330일이 지나 마침내 법안은 본회의에 상정됐습니다.

여기까지 오는 것도 쉽지 않은 일이었지만 패스트트랙으로 지정됐다고 해서 곧바로 본회의에서 통과되는 것은 아니었습니다. 당시

시민들의 곁이 언제나 제 자리였습니다. ⓒ박주민 의원실

우리 민주당은 123석에 불과하여 사회적참사특별법이 국회의 문턱을 넘는 일은 끝까지 쉽지 않았습니다. 지푸라기를 잡는 심정으로 의원들을 설득했고, 그들의 지역구를 찾아다녔습니다. 그들이 식사하고 있는 식당 앞에서 몇 시간씩 기다렸던 적도 있습니다. 고깃집 앞에서 오래도록 서성이며 저는 많은 생각을 했습니다. 제 어깨에 올려진 정치의 무게가 버겁게 느껴졌지만, 저는 그날 다시 1996년 성탄 전야를 떠올렸습니다. '그래, 가보자. 꾸역꾸역. 또 넘어볼 테고 또 이겨볼 테다.'

그리고 그때 저는 혼자가 아니었습니다. 사참위법 통과를 요구하며 국회 본청 아래에서 세월호 가족들과 숙식을 함께했습니다. 비가

오고 눈이 내리는 날에도 그 자리를 지켰습니다. 11월임에도 눈이 많이 내렸고, 우리는 비닐을 나눠 덮고 서로의 체온과 함께하는 온기로 추위를 버텼습니다. 당시 여의도의 겨울은 길고 차가웠지만 물러설 수 없었던 우리는, 그렇게 또 문턱을 넘었습니다. "우리가 이겼다."

사회적참사특별법은 헌정사상 최초로 패스트트랙에 지정되고, 통과됐습니다. 2012년 신속처리안건 제도가 도입된 이래 처음 있는 일이었고, 신속처리안건 지정 이후 336일 만의 일이었습니다. 이후 더불어민주당은 검찰개혁 법안, 공수처 설치 법안, 이태원 참사 관련 법안 등 국민의힘의 사보타지로 국회의 문턱을 넘지 못하고 있던 수많은 법안들을 패스트트랙으로 지정했습니다. 신속처리안건이라는 절차 그 자체만으로도 여야 간 협의와 논의를 시작하게 만드는 힘이 있었습니다.

문턱은 저절로 낮아지지 않습니다. 누군가는 깎거나, 넘을 발판을 대줘야 넘을 수 있습니다. 초선 의원이었던 그해, 저는 그렇게 차가운 바닥 위에서 첫 번째 국회의 문턱을 낮췄습니다. 그리고 그 경험은 저로 하여금 앞으로 무엇을 해야 하는지를 알려준 정치 인생의 이정표가 됐습니다.

지구 3분의 1 바퀴를 돌아 초선 수석최고위원으로 당선되다

2018년, 결혼 10년 만에 딸 솔이가 태어났습니다. 저는 여전히 고민은 많고 힘없는 초선이었지만, 솔이의 탄생으로 제 삶의 우선순위를 다시 세우게 됐습니다. 정치는 막연한 미래가 아니라, 내 아이가 살아갈 터전이 돼야 했습니다. 그 터전을 갈고닦기 위해, 전 겁도 없이 초선 의원의 신분으로 당 최고위원에 도전했습니다. 지금은 초·재선 의원이 최고위원에 도전하는 일이 그리 낯설지 않지만, 당시만 해도 초선이 최고위원에 출마하는 것 자체가 파격적인 일이었습니다. 초선이 수석최고위원에 당선되는 것은 드문 일이었지만, 당시 저는 수십 년 만에 역대 두 번째로 초선 출신 수석최고위원으로 당선됐습니다.

사실 처음부터 최고위원 출마를 생각했던 건 아니었습니다. 변호사 시절 세 차례 접견왕을 차지했던 저는 2018년, 정치인 박주민으로서 사람들을 만나기 위한 길을 나섰습니다. 당원과 국민의 목소리를 직접 듣고 싶었습니다. 국민이 바라는 대한민국의 모습이 내가 생각하는 그것과 같은지, 그리고 아직도 낯설기만 한 정치의 길을 찾고, 잘못 들어선 길이라면 돌아가 다시 시작할 요량으로 국민에게 직접 묻고 싶었습니다. 그렇게 6개월간의 전국 일주를 시작했지만, 짝꿍 (저는 아내를 짝꿍이라고 부릅니다)과의 육아 분담을 위해 낮에는 지역에서 국민들을 만나고, 저녁 기차로 상경해 밤새 솔이를 돌보고, 새벽마다 다시 KTX를 탔습니다. 잠이 부족해 기차 안에서 졸면서도 국민 한 분 한 분이 들려주시는 이야기가 소중했고, 솔이의 칭얼거림과 옹알이마저 감사한 시간이었습니다.

포항과 화천, 이천과 대구, 구미와 안동, 함안과 고성, 삼척과 옥천, 대전과 강화도, 속초와 산청, 청도와 진주, 영덕과 통영, 단양과 제주, 그리고 강남 한복판까지, '뭉쳐야 뜬다'라는 제목으로 전국 수십 곳에서 토크콘서트를 진행했는데, 그 거리를 계산해보니 지구의 3분의 1이었습니다. 지금 생각해보니 보좌진들에게 못 할 짓이었는데, 온몸으로 '뭉쳐야 뜬다'는 열정으로 함께해준 의원실 동료들에게 이 기회를 빌려 감사의 말을 전하고 싶습니다.

당시 토크콘서트에 참석해주신 지역 주민들마다 다양한 사연을 갖고 있었습니다. 불안정한 일자리, 무너진 지역경제, 도전조차 할 수 없는 현실 앞에서 좌절할 수밖에 없었던 순간들, 정치에는 기대도 없고 관심도 없고 심지어 혐오한다는 분들도 만났습니다. 비록 저 한 사람을 향한 채찍질은 아니었지만, 매 순간 저 스스로에게 질문을 던졌습니다. 국회 안에서 싸우는 것만으로 이 문턱을 넘을 수 있을까, 우리 당의 방향성은 국민들의 삶과 소망과 맞닿아 있는가. 그 질문 끝에 내린 결심은 '더 깊이 파고들어 가보자. 최고위원에 도전하자'였습니다.

전당대회에서 제 슬로건은 '힘없는 사람들의 힘'이었습니다. 은평구청장이었던 김우영 의원이 "박주민에게 가장 어울리는 말"이라며 제안한 문구였습니다. 저는 그 문구에 약속을 담았습니다. 열심히 일하면 가난해지지 않는 사회, 실패해도 다시 일어설 수 있는 안전망이 보장된 사회, 중산층과 서민, 사회적 약자의 편에 서는 정책 정당으로서의 정체성을 구축하고자 했습니다. 말이 아닌 성과로 증명하는 '일하는 국회'를 만들겠다고 다짐했습니다.

이해찬 당대표를 중심으로 당 지도부의 일원이 된 저는, 지금까지와는 다른 정치의 무게를 처음 느꼈습니다. 감사하게도 2년간 당은 높은 지지율을 유지했고 2020년 총선에서 더불어민주당 163석, 더불어시민당 17석, 총 180석이라는 역사적인 승리를 이끌었습니다. 돌이켜보면, 그해 제가 넘은 문턱은 단순히 초선이 수석최고위원이 됐다는 직위 문제가 아니었습니다. 닫혀 있는 국민의 마음을 두드리고, 조심스럽게 그 속으로 건너가는, 정치인이라면 반드시 넘어야 할 문

서울에서 열린 더불어민주당 정기 전국대의원대회에서 당원들을 향해 지지를 호소하던 때. 슬로건은 '힘없는 자들의 힘'이었습니다. ⓒ뉴스1

턱이었습니다. 그 문턱을 넘으며 다시 제 안의 박주민에게 물었습니다. 정치인 박주민은 누구를 위해 무엇으로 존재해야 하는지…… 오늘도 그 답을 찾아가는 여정 속에 있습니다.

네 번째 문턱

더불어민주당 권리당원 온라인 투표 제도 + 국회 국민청원 제도를 만들다

수석최고위원으로 활동하던 시기에, 저는 당의 쇄신은 공허한 구호가 아닌 구조적 변화로부터 시작돼야 한다고 생각했습니다. 열린 정치를 하기 위해선, 정당이 당원들의 목소리를 반영해야 합니다. 당원 민주주의의 복원이 당 쇄신의 첫걸음입니다.

저에게 주어진 '당 현대화 추진 특별위원장'의 직함으로 당원 플랫폼과 전 당원 온라인 투표 시스템을 구축했습니다. 이것은 단순한 개혁 기구가 아니라, 이해찬 당대표가 말씀하신 '20년 집권'의 한 축을 떠받치는 실질적인 변화의 엔진이라고 믿어 의심치 않았습니다. 목표는 분명했습니다. 당원과 지지자들의 목소리를 경청하고, 당원들이 당의 정책 결정 과정에 직접 참여하는 구조를 만드는 것입니다.

당원 플랫폼 구축은 국민을 향해 정당의 문턱을 낮추는 일이었습니다. ⓒ이호

하지만 과정은 녹록지 않았습니다. 수십 년간 단 한 번도 정비한 적이 없는 당원 DB를 정리하는 데만 수개월이 걸렸습니다. 이것이 정비되고 나서야 비로소 온라인 투표가 가능해진 겁니다.

그다음은 플랫폼이었습니다. 당원 온라인 투표 시스템을 만들고, 스마트폰 애플리케이션에서 구동될 수 있도록 더불어민주당의 플랫폼을 구축했습니다. 애플리케이션으로 택시를 부르고 쇼핑을 하듯, 당원들은 언제 어디서든 이역만리 외국에서도 당 애플리케이션을 통해 의견을 내고 토론을 하고 결정에 참여할 수 있는 시스템이 마련된 것입니다.

플랫폼과 온라인 투표 시스템을 공개하는 첫 기자간담회를 준비하며 벅찬 마음이 들었습니다. 전 당원이 손쉽게 제 목소리를 낼 수 있는 시스템, 별것 아닌 변화처럼 보일 수 있지만, 그 첫걸음이 당원 민주주의의 복원이자 시작이었습니다. 저의 발걸음이 달팽이의 한 걸음일지라도 앞만 보고 달리던 정당정치의 방향을 바꾸는 첫걸음이었고, 국민을 향해 정당의 문턱을 낮추는 일이었습니다.

그렇게 구축된 당원 플랫폼의 토론 게시판 첫 번째 주제를 지금도 기억합니다. 2020년 총선을 앞두고 '총선 특별당규에 대한 의견 수렴'이었습니다. 플랫폼을 통해 당원들의 의견을 수렴해, 처음으로 온라인을 통한 권리당원 전원투표로 총선 공천 룰 특별당규를 확정했습니다. 당의 중요한 결정을 당원들이 직접 정한 첫 사례였습니다.

저는 오래전부터 직접민주주의에 대한 신념을 가지고 있었습니다. 국민소환제, 국민발안제에 대한 입법과 토론을 꾸준히 이어왔습니다. 정치라는 것이 선출직 정치인들에게만 한정된다면, 직접민주주의의 의미는 퇴색될 수밖에 없습니다. 그 연장선에서 탄생한 제도가 바로 '국회 전자청원제도'입니다.

'국회 전자청원제도'는 제 머릿속에서 나온 아이디어는 아닙니다. '일하는 국회 만들기 프로젝트'의 일환으로 국민에게 직접 목소리를 듣는 프로그램을 운영하던 중, 이 자리에 참석한 시민 한 분이 "청와대처럼 국회에도 청원 제도가 있으면 좋겠다"는 제안을 해주신 덕에 착안한 제도입니다. 당시 저는 무릎을 치며 공감했고, 당장 국회법 개정안 준비에 들어갔습니다. 법안의 내용과 구조는 제가 만들었지만, 이 법안만은 경남도지사 출마를 앞두고 있던 동료, 김경수 전 의원에게 선물하고 싶었습니다. 마침내 김 전 의원이 국회의원에서 사퇴하는 날, 마지막 법안으로 국민청원제도를 국회에 도입하는 국회법 개정안을 제출해 통과됐고, 김경수 의원이 발의한 개정안을 통해 '국회 전자청원제도'가 도입됐습니다. 현재 5만 명 이상이 동의하면 국회가 공식적으로 답해야 하는 제도로 자리 잡았습니다.

사공이 많으면 배가 산으로 간다지만, 노 젓는 사람이 많아야 민주주의의 배는 바람에 맞서 순항할 수 있습니다. 국민이 말하면 입법부가 대답해야 합니다. 그것이 제가 만들고 싶었던 낮은 문턱의 정치였습니다.

05

고위공직자범죄수사처 설치, 권력기관 앞에 높은 개혁의 문을 열다

권력기관을 개혁하는 일은 그간의 과정을 지켜봐서 아시겠지만, 여간 힘든 일이 아닙니다. 개혁이 아니라 변화의 조짐만 보여도, "털 끝 하나 건드리기만 해보라"며 자신이 가진 권력을 동원해 죽자사자 덤벼드는 게 나쁜 권력기관의 전형적인 모습입니다. 국회에 와서 크고 작은 문턱을 넘고 낮췄지만, 벽과 같은 권력기관의 문턱을 넘는 건 전장에서 사투를 벌이는 일과 같았습니다. 격렬하게 싸운다고 해서 이기는 싸움도 아니고, 장시간 집요하게 매달려야 닿을 수 있는 사안이었습니다.

공수처(고위공직자범죄수사처) 설치와 검경수사권 조정의 문턱은 유난히 높았습니다. 한국 사회의 부패 척결을 관통하는 질문 하나가 있었습니다. "과연 권력층의 비리를 제대로 수사할 수 있는가?" 이 질문은 "제 머리를 제가 깎을 수 있느냐"는 물음과 같았습니다. 대통령, 장차관, 국회의원, 판검사 등 권력의 중심에 있는 이들에 대한 수사는 사실상 신뢰할 만한 객관적 수사를 기대할 수 없을 뿐 아니라, 설사 철저한 수사가 이뤄진다고 해도 장본인들은 있지도 않은 '정적에 대한 정치 보복이자 탄압'이라며 어깃장을 놓기 일쑤였습니다. 검찰은 막강한 권한을 독점해왔지만, 살아 있는 정권 앞엔 무력했고, 내부 비리에 있어서는 한없이 관대했습니다. 검찰 자체의 문제를 검찰이 수사하는 구조는 고양이 앞에 생선을 던져주는 꼴이었습니다.

윤석열 검찰총장 체제에서 정점을 찍은 이른바 '특수부 검사' 중심의 권력 구조는, 검찰이 얼마나 막강한 권한을 가지고 있으며, 얼마나 정의롭지 못한 권력이었는지를 방증하는 과정이었습니다. 그리고 견제장치 없는 강력한 권력이 어떻게 국가와 사회를 망치는지를 보여준 사례였습니다. 공정, 정의와는 거리가 먼 대한민국 검찰 권력에 대한 민주적 통제는 더 이상 미룰 수 없는 과제가 됐습니다.

1996년 참여연대가 부패방지법안을 입법 청원한 지 25년, 노무현 대통령이 2002년 대선에서 공수처 설치를 공약으로 내건 지 19년 만인 2020년 1월 공수처 설치 법안은 국회 본회의 문턱을 넘었습니다. 공수처법의 협상과 통과를 위해 만들어진 TF단장으로 공수처법 협상을 주도했던 저는 '공수처를 만든 죄'로 검찰에 기소됐습니다. 또 검찰이었습니다. 제가 그나마 위안을 얻었던 건 전해 들은 윤석열의 반

2024년 11월 30일, '특검(특별검사) 추진'과 '국정농단 규명' 등을 요구하는 집회에 참여했을 때 모습 ⓒ박주민 의원실

응이었습니다. 2019년 12월 모 언론사에서 당시 '박주민이 밀실에서 공수처법을 주도해 윤석열 검찰총장이 격노했다'는 기사가 보도됐습니다. '그래, 검찰 당신들도 다급하긴 했구나. 위협으로 느꼈구나'라고 생각하니, 저도 모르게 위안이 됐습니다. 일주일 후에 저는 공수처법 처리 당시 패스트트랙 물리적 충돌을 사유로 기소됐고, 그 재판은 6년이 지난 2026년 현재까지도 이어지고 있습니다.

검사들의 저항은 거셌지만, 고위공직자범죄수사처는 마침내 구성됐습니다. 검찰은 아직도 발버둥 치고, 개혁을 주도한 사람은 여전히 그들의 공격 대상이지만, 그래도 제도는 만들어졌습니다. 그 어떤 문턱보다도 높고 단단한 벽이라 한 번에 낮추기는 어려웠습니다. 인내

심을 갖고 여러 차례 두드려 낮추는 과정이 지속적으로 이어져야 했지만, 2022년 윤석열이 대통령에 당선되면서, 어렵게 제도화된 검경 수사권 조정은 기존대로 회귀하고 말았습니다. 이른바 '시행령 쿠데타'였습니다. 판사 탄핵과 법원 민주화 등의 사법 개혁 역시 여전히 갈 길이 멀어 보입니다.

  권력기관 개혁은 한 번의 입법으로 끝나지 않습니다. 뒤엎으려는 힘과 바로 세우려는 힘이 끊임없이 충돌하며 밀고 밀리는 싸움을 합니다. 하지만 저는 대한민국 민주공화정의 힘을 믿습니다. 빛으로 어둠을 이기는 국민의 저력을 믿습니다. 철옹성 같은 권력기관도 결국 민주주의 시민 앞에서는 바람 앞의 등불임을 믿고 있습니다. 큰 얼음덩어리는 바늘로 깹니다. 계란으로 바위 치기여도 권력기관의 힘의 문턱을 낮추는 일에 늘 그렇듯, 제가 바늘과 계란을 들고 앞장서 가겠습니다.

06

당대표 꼴찌 박주민,
실패의 두려움을 넘다

코로나가 우리의 일상을 모두 삼켜버린 2020년 여름, 저는 '이전에 내가 과연 꼴등을 해본 적이 있나' 생각해봤습니다. 꼴등까지는 아니더라도 형편없는 성적을 받아본 적은 몇 차례 있었습니다. 대원외고에 입학해 첫 시험을 치렀는데 전교 153등을 했습니다. 전체 학생 수가 700명이었는데 세 자릿수 등수는 충격적이었습니다. 그 후로 성적은 차츰 올라 재수를 하긴 했어도, 서울대 법대에 갈 수 있었습니다. 대학교에 들어가서 열심히 학생운동을 하다가 3학년 때 법대 부학생회장에 출마했는데, 큰 표 차이로 낙선했습니다. 2020년 여름 뜬금없이 그런 생각을 한 데는 이유가 있었습니다. 당시 우리 당은 전당대회를 앞두고 '어대낙'이란 말이 유행했습니다. '어차피 당대표는 이낙연'

이라는 뜻이었습니다. 총리직을 마치고 당으로 복귀한 이낙연 의원은 당내에서 압도적인 대세 당대표감으로 평가받고 있었습니다.

당시 막 재선 의원이 된 저는, 초선 때 수석최고위원을 지내고 여러 초선 의원들과의 소통이 잦다는 이유로 비교적 영향력이 있는 의원 중 한 명으로 여겨지던 때였습니다. 그래서였는지 어느 날 이낙연 의원으로부터 점심 식사나 하자는 연락을 받았습니다. 식사를 하면서 그분의 긴 이야기를 한참 들었는데, 식사가 끝나갈 즈음 저는 이런 생각을 하게 됐습니다. '이분이 당대표가 되면 안 되겠다.'

개인에 대한 호불호의 문제는 절대 아니었습니다. 당시 그가 그리는 당의 방향, 정체성, 국가적 위기를 대하는 태도, 그분이 그리는 개혁의 속도와 감각에서 저는 넘을 수 없는 간극을 느꼈습니다. 코로나라는 전례 없는 위기 속에서, 민주당이 여당으로서 해야 하고 나아가야 할 방향성이 저와는 크게 달랐습니다.

180석 압도적인 총선 승리 때문이었을까요? 당시 당대표 후보로서의 그의 인식은 안일했습니다. 그는 국회를 안정적으로 운영하고 대선을 성공적으로 준비하겠다고 했지만, 새로운 시대에 대한 청사진은 보이지 않았습니다. 저는 그가 180석을 이끌 우리 당의 당대표감인지 의문이 들었습니다. 그런 고민을 하고 있던 무렵 개혁적 성향의 초선 의원들이 저를 찾아왔습니다. "의원님이 당대표 선거에 나가야 합니다." 처음엔 손사래를 쳤지만, 날이 갈수록 초선 동료 의원들의 요청이 무겁게 다가왔고, 이길 수 없는 싸움이라는 걸 알면서도 결단을 내렸습니다. '어대낙'이라는 대세에 맞서는 선택, 당대표 선거에 출마했습니다.

결과를 숫자로만 보면 저의 꼴등은 명확해 보였습니다. 이낙연 후보는 60.77%의 득표로 당대표에 선출됐고, 저는 2등도 아닌 3등으로 17.85%의 득표를 했습니다. 표면적으로는 꼴등이었지만, 숫자만으로 당시 전당대회를 모두 설명할 수는 없었습니다. 권리당원 투표, 국민여론조사, 당원여론조사에서 저는 모두 2위를 차지했습니다. 조직선거를 해본 적도, 세력은 더더군다나 만들어본 적이 없는 저는 대의원 투표에서 가장 낮은 점수를 받았습니다.

쓸쓸함은 있었지만 한편으론 속이 후련했던 전당대회를 마친 뒤, 당원들이 전한 메시지는 저에게 큰 위로와 응원이 됐습니다. "박주민 의원, 졌지만 잘 싸웠습니다." 어대낙을 상대로 한 저의 도전은 무모했을지 몰라도 헛되지는 않았습니다.

한 번도 대세가 돼보지 못했고, 특정 주류 세력에 편입한 적도 없고, 세력을 만들어 떵떵거리는 정치를 해본 적도 없는 전 '별종 의원'입니다. 혼자 판단하고, 스스로 결정했고, 그것이 저를 자유롭게 했지만, 외롭게도 했습니다. "주류가 보기에는 별종이지만, 비주류가 보기엔 '찐'"이라는 평가가 고맙고 친근했습니다.

2020년 여름의 전당대회. 그때가 정치인 박주민에게 문턱이었다면, 그 문턱을 넘은 건지, 걸려 넘어진 건지는 아직도 확신이 서지 않습니다. 다만 분명한 건 넘지 못했을지언정, 그 문턱 앞에서 발길을 돌려 후퇴하지 않았고, 이길 수 없는 싸움이었더라도 저에게는 링 안으로 들어갔어야 할 당시의 사명이 있었다고 생각합니다.

정치판은 결과로 평가받는 곳이지만, 못지않게 과정 또한 기록돼야 한다고 생각합니다. 2020년 여름은 뜨거웠고 땀도 많이 흘렸지만, 외롭지 않은 싸움을 할 수 있도록 끝까지 함께해주신 국민과 당원, 그리고 보좌진들에게 깊은 감사의 인사를 드립니다.

07

상가임대차법
통과의 주역

국회의원이 된 이후 제가 가장 먼저 매달린 입법 과제 중 하나는 상가임대차 문제였습니다. 갑과 을이라는 불균형한 권력의 습성에서 약자를 강자로부터, 을을 갑으로부터 어떻게 지킬 것인지에 대한 고민이었습니다. 불공정한 계약에 의해 삶의 터전을 송두리째 잃을 수 있었던 임차상인을 위해 국가가 그분들을 어떻게 보호할지에 대해서였습니다. 600만 자영업자와 가족의 생계가 달린 일이었습니다.

상가건물임대차보호법은 2002년에 제정되었지만, 오랫동안 임차상인들의 현실을 충분히 담아내지 못했습니다. 그 한계는 2018년 '궁중족발 사건'을 통해 분명하게 드러났습니다. 서울 서촌에서 오랜 시간 장사를 해오던 궁중족발 음식점의 임차인은 263만 원의 월세를 내고 있었지만, 건물이 매각되면서 새 건물주는 기존 임대료의 3배, 4배에 달하는 월세를 요구했습니다. 갈등은 격화되었고, 결국 몹쓸 용역까지 개입된 폭력 사건으로 번졌습니다. 이 사건을 단순히 월세를 둘러싼 개인 간 분쟁이라고 치부할 수는 없었습니다. 임차상인들이 생존권을 보호받지 못한 대표적인 제도의 실패 사례였습니다. 상권을 만들어 지역 활성화에 이바지해 온 사람은 임차인이었지만, 그 성과를 자기 것으로 만들어 유지할 수 있는 제도적 안전망은 없었던 겁니다.

궁중족발 사건 이후 상가임대차보호법 개정 논의가 본격화되었고, 저는 당시 을지로위원회에서 상가임대차법을 담당하며 개정 작업을 주도하게 됐습니다. 개정의 방향은 분명해서, 임차상인이 최소한의 시간과 예측 가능성을 갖고 장사할 수 있도록 계약갱신요구권을 기존 5년에서 10년으로 연장하고, 권리금 회수 기회를 실질적으로 보장하며, 전통시장 내 상가 임차인의 권리금도 보호 대상에 포함시키는 것이었습니다. 이는 완전한 해결책은 아니었지만, 젠트리피케이션으로부터 골목상권을 지키기 위한 최소한의 안전망이었습니다. 법안이 통과된 뒤 소상공인연합회와 한국중소상인자영업자총연합회, '맘편히장사하고픈상인모임' 소속 상인들, 그리고 젠트리피케이션 방지와 지속가능한 공동체를 위한 지방정부협의회 소속 기초자치단체장들로부터 감사패를 받았습니다. 저는 그것을 박주민 개인에 대한 평가라기보다, 특정 사안에 대한 관심과 도전하는 시도, 바로잡는 시정에 대한 격려라고 받아들였습니다.

상가임대차법을 통과시키며 저는 입법이 숫자나 구호가 아니라 사람의 삶을 다루는 일이라는 사실을 다시 한번 절감했습니다. "시장에 맡겨두면 다 해결된다"는 말은 사실이 아닙니다. 시장은 언제나 가장 약한 사람에게 먼저 비용을 전가합니다. 저는 그 비용을 조금이라도 줄이기 위해 법이라는 도구를 사용하고자 했습니다. 소상공인의 모든 문제를 해결하지는 못했지만, 그럼에도 이 법은 국회의원으로서 제가 가장 떳떳하게 말할 수 있는 기록으로 남아 있습니다.

08

여덟 번째 문턱

'힘없는 자들의 힘'으로!
노동자와 정치가 머리를 맞대다

국회에 들어와 제가 해결하려 했던 가장 무거운 현실 중 하나는 일터에서 너무 많은 사람들이 숨진다는 사실이었습니다. 해마다 차이는 있지만, 산업재해로 약 2400명, 하루 평균 7명의 노동자가 집으로 돌아오지 못한다는 통계는 현실과 맞닿은 비극입니다. 2017년 현대중공업에서 발생한 아르곤 가스 질식 사망사고, 2018년 한국서부발전 태안화력발전소에서 김용균 노동자가 컨베이어벨트에 끼여 숨진 사고, 2020년 38명의 목숨을 앗아간 한익스프레스 물류창고 건설현장 화재, 삼표시멘트 컨베이어벨트 사고와 폐자재 재활용 파쇄기 사망사고까지, 이름만 바뀌었을 뿐 참사의 구조는 늘 똑같았습니다. 여기에 가습기 살균제 사건, 4·16 세월호 참사와 같은 시민재해까지 더해지며, 안전은 개인의 주의가 아니라 사회가 마땅히 책임져야 할 문제임이 반복해서 증명되고 있습니다.

이 대형 재해들은 위험을 인지하고도 방치한 기업, 비용과 속도를 안전보다 앞세운 부도덕한 경영 지침, 사고를 예외사항으로 취급하고 대비하지 않은 안전불감증이 빚어낸 결과였습니다. 게다가 사고가 발생하면, 노동자 개인의 부주의 탓으로 결론짓고, 사건을 무마하고 숨기기에만 급급한 기업 문화가 노동자를 죽음으로 내몰고 끝나지 않는 비극을 되풀이할 거란 판단을 하게 됐습니다.

제가 중대재해처벌법 제정 추진에 앞장섰던 이유입니다. 하지만 당시 정부와 여당 내부에서는 기존 산업안전보건법을 일부 손보는 선에서 마무리하자는 의견이 지배적이었습니다. 저는 그것만으로는 노동자의 매일의 안전한 귀가가 보장되지 않음을 알고 있었습니다. 현장 안전의 책임이 현장관리자와 노동자 개인의 몫으로만 한정될 경우, 제2, 제3의 김용균 씨 사례가 발생할 것은 불을 보듯 뻔한 일이었습니다. 저는 먼저 민주노총과 한국노총이 제시한 각각의 법안을 놓고 수차례 논의를 거듭했고, 마침내 하나의 단일안을 만들었습니다. 그 단일안을 두고 법사위(법제사법위원회) 첫 소위를 열고 공청회를 개최했으며, 당내 의원들을 설득하고, 국민의힘 의원들을 직접 찾아다니며 왜 이 법이 필요한지 설명했습니다. 감정에 호소하기보다 산업현장의 구조적 문제와 통계를 반복해서 설명했는데 그 과정은 길고 고단했지만, 결국 중대재해처벌법은 2021년 1월 본회의에서 여야 합의로 통과되었습니다. 물론 중처법이 마련된 지금도 일터에서 수많은 노동자가 숨지고, 기업은 여전히 이러한 사고를 과로사 혹은 실수로 인한 추락사, 부주의로 인한 사고사로 주장하면서 책임을 회피하려고 합니다. 그렇기에 앞으로도 중처법을 토대로 보다 보완된 제도 개선으로 노동자의 안전한 귀갓길이 보장된 직장과 기업 문화를 조성하는 데 더 고민하고 힘쓰고자 합니다.

어느 날 책을 읽다가 독일에서는 노동자들이 이사회에 들어간다는 사실을 알고 신선한 충격을 받았습니다. 문득 제 과거 변호사 시절의 경험이 떠올랐습니다.

제가 민변 변호사일 때 악기제조공장에 나가 있었을 때입니다. 4명의 노동자가 텅 빈 공장을 점거하고 있었고, 그때 인권단체와 민변 변호사들이 교대로 가서 문화행사와 노동행사도 진행했습니다. 그리고 제가 그분들의 형사사건을 변호했죠. 이들은 왜 공장을 점거했을까요?
사연은 이렇습니다. 그 회사 대표와 점거노동자 4인은 형제같이 가까운 사이였습니다. 이들은 호형호제하며 함께 회사를 세웠고, 환풍도 안 되는 데서, 사장과 노동자가 함께 악기를 만들고 포장까지 해가며 회사를 키운 겁니다. 노동자니 사장이니, 이런 노사 구별도 없었고 그들은 그저 형제 같은 친구였습니다. 그들 간의 차이점이 있다면, 사장은 회사 대표로서 주식을 갖고 있었고, 나머지는 없었다는 점입니다. 노동자들은 함께 세우고 키운 회사라고 생각하며 회사일에 헌신했습니다.

그런데 어느 날 사장이 다짜고짜 공장을 해외로 옮길 테니 4인을 포함한 노동자들에게 회사를 나가라고 통보를 한 겁니다.

"너흰 종업원이야, 인마."

"무슨 소리야? 우리 친구 아이가?"

이런 회사가 여기뿐이었을까요? 의리로 뭉쳐 창업하고, 함께 키운 회사. 하지만 주식을 가진 자만이 회사의 주인이 되는 현실.

그런데 독일은 달랐던 겁니다. 여기서 저의 '공공기관 노동이사제'가 출발하게 됩니다.

공기업과 준정부기관의 경영 구조를 개선하는 문제 앞에선 '누가 이 조직의 주인인가'라는 기본적인 질문과 마주하게 됩니다. 이사회는 기업과 기관의 최고 의사결정기구이지만, 그 자리는 관행처럼 경영진 중심으로만 구성돼왔습니다. 그러다 보니 현장에서 일하는 노동자들의 현실과, 서비스를 이용하고 비용을 부담하는 소비자, 즉 국민들의 편리와 권리는 뒷전인 채 경영진 위주의 문제의식만 반영돼왔습니다. 공공기관임에도 불구하고 의사결정은 일반 기업보다 폐쇄적으로 이루어졌고, 경영에 대한 신뢰도 약화됐습니다.

공기업과 준정부기관의 경영관은 민간기업과는 본질적으로 달라야 합니다. 경영의 목적이 이윤 창출과 극대화가 아니라 국민들을 위한 공적 기능이 우선돼야 합니다. 따라서 노동자는 단순한 고용 관계가 아니라, 공공서비스를 생산하는 핵심 주체이고, 국민은 그 서비스의 이용자인 동시에 공동의 주인입니다. 그럼에도 불구하고 기존의 이사회 구조는 이 두 주체의 목소리를 제도적으로 반영하지 못하고, 그럴 의지를 보여주지 못한 게 사실입니다. 국민이 주인이 라는 사실을 망각한 공공기관의 경영은 비효율로 인한 불신만 초래 해왔습니다.

제가 판단하기에 이 문제를 해결하기 위한 제도는 노동이사제였습 니다. 노동이사제야말로 노동자를 경영의 객체가 아니라 의사결정의 주체로 인정하는 제도이며, 동시에 공공기관 경영을 보다 개방적이 고 민주적으로 개선하기 위한 장치입니다. 노동이사가 이사회에 참 여해 근로현장의 현실과 경험을 공유함으로써 경영을 하는 데 있어 서의 판단을 돕고, 경영진에 대한 견제수단으로서 작동할 수 있다고 판단했습니다. 이는 특정 공공기관의 이익을 위함이 아니라, 소비자 로서의 국민의 권리와 이익을 보장하는 일이기도 합니다.

국제노동기구(ILO)가 이미 오래전부터 노동자의 경영 참여가 민주 사회의 중요한 요소라고 강조해온 것도 같은 맥락입니다. 노동이사 제는 노사관계를 제로섬의 대립 구조가 아니라, 공동의 책임으로 협 력하는 과정이고, 노동자가 경영에 참여해 투명하고 효율성 있는 공 공기관의 기틀을 마련하는 길입니다.

공기업과 준정부기관에 노동이사제를 도입하는 것은 경제민주주의를 진전시키고, 국민이 주인인 공공기관이 소수 경영진의 판단에 좌지우지되지 않도록, 경영에 대한 문턱을 낮추는 민주적인 절차입니다.

그래서 저는 공공기관에 노동이사제를 두도록 법제화하는 「공공기관의 운영에 관한 법률 개정안」을 대표발의했습니다. 예상했던 대로 보수 경제지 등을 중심으로 막대한 반대가 제기되었습니다. 저는 이 반대를 해외 사례 등을 근거로 논리적으로 설득하고, 한편으로는 노동이사제에 대해 찬성하는 공공기관들과 힘을 합치기도 하였습니다. 많은 반대가 있었지만 결국 '공운법'은 통과되었고 여전히 어려움은 있지만, 제도를 이어가고 있습니다. 이 법의 통과로 노동과 회사 간의 문턱은 한 단계 낮추어졌다고 생각합니다.

09

우리 문제는 현장에 답이 있다!
을들의 눈물을 닦다

을지키는 민생실천위원장

더불어민주당 안에는 다른 정당들이 부러워하는 독특한 조직이 있습니다. 바로 '을지로위원회'입니다. 을지로위원회라고 하니, 서울 중구에 위치한 을지로를 떠올리시겠지만, 을지로위원회의 '을'은 정치와 정책의 문턱 앞에서 번번이 좌절을 맛봐야 하는, 제도권으로 들어오지 못한 무수한 '을'을 의미하며, 을지로위원회는 이러한 '을'의 목소리를 듣고 권리를 보장하기 위한 조직입니다. '을지키는민생실천위원회'를 줄여서 '을지로위원회'라고 부르는 것입니다.

노동자, 소상공인, 자영업자처럼 구조적으로 불리한 위치에 놓인 이들의 소리를 현장에서 직접 듣고, 간담회와 정책토론을 거쳐 법과

제도로 연결하는 통로였습니다. 말 그대로 '힘없는 사람들의 힘'이 실제로 작동하는 공간입니다.

을지로위원회에서는 상생의 성과를 낼 때마다 '상생의 꽃 달기' 행사를 진행합니다. 을지로위원회에서 가장 먼저 성과를 낸 일은 국회에서 일하는 환경미화원들의 간접고용 구조를 직접고용으로 전환한 일이었습니다. 장기화된 노사 갈등의 상징이었던 파인텍 고공농성을 마무리하는 데에도 중요한 역할을 했습니다. 이 밖에도 카드수수료 인하, 젠트리피케이션 문제, 가맹점주들이 겪는 불공정 피해 등 입법부의 힘이 가장 절실하게 필요한 현장마다 을지로위원회는 더불어민주당의 민생조직으로서 늘 앞줄에 섰습니다.

수석최고위원 임기를 마치며 저는 초심으로 돌아가자는 다짐을 했습니다. 저의 출신성분은 '거리의 변호사'였던 만큼, 제 자리는 민생의 현장이었고, 거리였습니다. 그래서 전국을지로위원장 선거에 나섰고, 위원장으로 선출되었습니다. 이후 2년 동안의 시간은 길거리의 을을 위한 시간인 동시에 왜 정치가 존재해야 하는지를 배우고, 특히 '을'들을 위한 정치가 왜 필요한지를 배우는 시간이었습니다. 제도권 밖에서 고통받는 노동자, 소상공인, 자영업자 들의 목소리를 온몸에 가득 담아와 국회에서 풀어놓았습니다. 사회적 의제로 삼아 법을 만들고 협상을 통해 하나씩 해결해나가는 과정은 결코 쉽지 않았고 실패도 많았지만, 그 모든 과정은 계단을 쌓아가는 일이었고, 누군가를

'거리의 변호사'라는 별명은 저의 자부심입니다. ⓒ오마이뉴스

위한 문턱을 낮추는 일이었습니다.

전세사기 문제가 사회적 참사로 드러나기 이전부터, 을지로위원회
는 이미 위험 신호를 감지하고 있었습니다. 대규모 사태가 발생하기
전 전세사기 정책 토론회를 열고, 을지로위원회 차원의 「전세사기 피
해지원 특별법 제정안」을 준비해 두었습니다. 그러다 전세사기 피해
자 한 분의 사망사건이 발생하면서 저는 한발 늦었다는 처참한 심정
으로 정부와 당시 여당, 우리 당 지도부를 끊임없이 설득했습니다. 을
지로위원회 안에 전세사기 신고센터를 만들어 피해자들의 이야기를
직접 듣고, 개별 사례들을 모아 법과 제도의 언어로 옮기는 작업을 반
복했습니다. 당시 이재명 당대표와 함께 부산과 인천의 전세사기 피

해 건물을 찾았을 때, 삶의 계획이 한순간에 무너진 청년과 신혼부부들을 마주하면서, 마음이 무거워졌습니다. 결국 이런 공감대를 발판으로 을지로위원장인 저의 주도로 전세사기특별법의 제정과 이후의 개정까지 이끌어낼 수 있었습니다.

을지로위원장으로 활동하며 민생부채 문제에도 깊이 천착하게 되었습니다. 당시 법사위원회 소속이었던 저는 법원과 정부를 설득해 전국 두 곳에 채무 전담 법원을 만드는 성과를 이뤄냈습니다. 더 나아가 국회의 모든 상임위를 돌며 각종 법률 속에 숨어 있던 과도한 자격 제한 규제를 하나하나 찾아냈고, 채무자들의 회생과 재기를 가로막는 장벽들을 개선해나갔습니다. 이는 채무로 무너진 사람들에게 일어설 수 있는 기회를 마련해주는 것이며, 다시 제도권 삶으로의 진입을 보장하는 문턱을 낮추는 일이었습니다. 실습생과 청소년 노동자의 권리를 보호하기 위한 영화 〈다음 소희〉 상영회를 열고, 관련 법안을 통과시킨 일 역시 오래 기억에 남는 성과입니다.

온라인 플랫폼 독점 규제 문제 또한 현장의 요구를 바탕으로 법 제정을 위해 지속적으로 노력해왔지만, 성과 면에선 아직 충분하지 못한 과제로 남아 있습니다. 을지로위원장과 원내수석부대표를 동시에 맡았을 당시 가맹점과 중소기업의 협상력을 강화하기 위한, 이른바 '중소상공인 6법'을 패스트트랙에 올려 본회의까지 올렸지만, 21대 국회 임기가 종료되는 바람에 끝내 통과시키지 못한 아쉬움이 남아 있고, '언젠간'이라는 스스로와의 약속으로 새겨져 있습니다.

　을지로위원회는 제도의 문턱을 넘지 못했던 사람들에게 정치가 실제로 작동할 수 있다는 경험을 안겨주었습니다. 민주정부 출범 이후 정부 차원의 을지로위원회 설치 논의가 있었지만, 아직까지 제도화되지는 못했습니다. 서울시를 비롯한 지자체에서도 을지로위원회 같은 현장 민생기구를 조직해 활용한다면, 사각지대에 있는 수많은 을들의 목소리를 듣고 행정에 반영한다면, 을이 갑이 될 수 있도록 문턱은 낮춰주고, 그 갑이 또다시 을을 끌어주고 밀어주는 상생의 계단으로 작동할 수 있으리라 믿습니다.

10

순직해병 죽음, 진상규명의 화살을 쏘다

지금도 생각만 해도 가슴 먹먹한 사건들이 있습니다. 2021년, 법제사법위원으로 활동하던 시기에 이예람 중사 사망 사건이 발생했습니다. 이예람 중사의 죽음은 군 조직 안에서 성폭력 피해자가 얼마나 철저히 고립되고, 그 과정에서 제2, 제3의 가해를 입는지, 이를 책임져야 할 권력이 어떻게 작동하는지에 대한 처절한 민낯을 확인하는 과정이었습니다. 수사와 재판, 지휘체계가 하나로 얽혀 있는 군 사법 시스템 속에서 피해자는 끝내 보호받지 못했고, 가해자와 조직은 침묵과 방관 속에서 서로를 지켜주며 오히려 피해자를 조롱하는 식이었습니다. 법사위에서 이 사건을 다루며 저는 분명한 사실을 깨달았습니다. 어느 조직이나 마찬가지이겠지만, 특히나 폐쇄적인 군 내에서는 개인의 일탈을 처벌하는 것만으로는 되풀이되는 비극을 막을 수 없습니다. 군이 군대 내에서 벌어진 사건을 스스로 수사하고 판단하는 군사법원의 구조로는 그 어떤 피해자도 보호할 수 없다는 사실을 깨닫게 됐습니다. 지휘권과 인사권의 영향 아래 놓인 군사법원이 존재하고 처리하는 한, 피해자는 언제나 억울한 약자의 자리에서 벗어날 수 없으며, 제2, 제3의 이예람 중사는 끊임없이 나올 수밖에 없는 곳이 군대임을 알게 됐습니다.

저는 군사법원법 개정을 통해 이 구조를 바꾸고자 했습니다. 평시 군 내 성폭력, 사망 사건 등 중대 범죄에 대해 민간 사법체계가 개입하도록 하는 것이 핵심이었습니다. 당시 여당 의원으로서 국방부와 군 수뇌부의 강한 반발에 부딪혔지만, 그렇다고 물러설 수 없었습니다. 그동안 폐쇄된 조직에서 얼마나 많은 피해자들이 죽어갔는지를 생각하면 도저히 멈출 수 없었습니다. 국가안보라는 특수성에 숨어 자행돼온 부조리를 더 이상 간과할 수 없었습니다. 정의와 인권은 군 안에서도 동일하게 적용되어야 한다는 점을 분명히 했습니다. 그 결과 군사법원법 개정안은 국회를 통과했고, 57년 만에 고등군사법원이 폐지되고, 군 내 성폭력 사건과 사망 사건은 수사단계부터 민간이 하는 것으로 바뀌게 되었습니다.

이 법을 통과시키는 과정에서 수많은 반대를 끊어내는 모습을 보고서는 언제나 구부정한 모습과 사람 좋은 웃음으로 대하던 박주민에게도 저런 면이 있었나, 사람들은 의아해했습니다.

군사법원법 개정안을 추진하는 데 있어, 저의 과거 군 복무 시절의 경험은 큰 도움이 됐습니다. 강대강 약대약, 때론 입법을 위해 타협 없이 밀어붙여야 할 때도 있습니다.

군사법원법 개정안 통과는 군 사법체계가 처음으로 스스로의 문을 열고 민간의 통제를 받아들인 역사적 전환점이 됐습니다. 딸을 가진 입장에서, 이 중사 아버지의 아픔과 고통, 억울함을 헤아릴 길 없습니다. 개정안이 통과되고, 고 이예람 중사의 아버지는 딸의 장례를 3년이 지나서야 치를 수 있었습니다. 이 법은 상징성만이 아니라 강건하고 정의로웠던 한 군인의 삶과 죽음에 대한 진실규명이었고, 국가가 최소한의 책임을 지는 모습이었으며, 사죄의 과정이었습니다.

하지만 군사법원법이 개정된 이후에도 납득하기 어려운 일이 또다시 벌어졌습니다. 2023년 여름, 이른바 채상병 사건으로 불리는 해병대원 사망사건이었습니다. 2023년 7월 19일 아침, 기록적인 폭우로 큰 피해를 입은 경상북도 예천군 일대에서 실종자 수색 작업을 진행하던 중, 수색 임무에 투입된 해병대 일병 한 명이 불어나는 급류에 휩쓸려 실종되었습니다. 이후 그는 약 14시간 만에 숨진 채 발견되었습니다. 국민을 구조하는 재난 대응 과정에서 젊은 장병이 목숨을 잃은 사건이었습니다.

아시다시피 이 사건의 진상규명은 해병대 수사단장 박정훈 대령이 맡았고 그는 당시 임성근 해병대 제1사단장에게 과실치사 혐의가 있다고 판단했습니다. 그리고 개정된 군사법원법에 따라 경상북도경찰청으로 이첩하였습니다. 그러나 그 판단은 알 수 없는 이유로 국방부 장관에 의해 이첩이 보류되었습니다. 이는 '즉시 이첩'을 원칙으로 한 개정 군사법원법의 취지와 정면으로 배치되는 조치였습니다. 저는 이 보고를 듣는 순간, 윤석열 정부하에서 권력이 부당하게 작동하고 있음을 감지했고, 즉각 특검법 추진에 돌입했습니다. 그해 9월 초, 해병대원 사망사건 은폐 의혹에 대한 진상규명을 위한 특검법이 발의되었지만, 특검법을 패스트트랙에 올리기 위해서는 당내 지도부와 의원들을 설득해야 했습니다. 당시 윤석열·김건희 부부와 관련해 특검으로 규명해야 할 사안들이 여러 건 있었기에, 해병대원 특검법은 보다 중요한 이슈를 분산시킨다는 반대의 의견도 적지 않았습니다. 그러나 저는 이 사건만큼은 뒤로 미룰 수 없다고 판단했습니다. 특검법과 함께 국정조사 요구서를 민주당 의원 전원의 동의를 받아 제출했고, 결국 특검법은 패스트트랙으로 지정되어 원안 그대로 본회의를 통과했습니다. 비록 윤석열 대통령의 거듭된 거부권 행사로 즉각적인 특검은 좌절되었지만, 이후 이재명 정부 들어 마침내 특검이 이뤄질 수 있었습니다.

변호사 시절부터 저는 권력이 개입해 사건을 부당하게 덮는 장면들을 숱하게 목격해왔습니다. 그중에서도 2013년 서울시 공무원이었던 유우성 간첩 조작 사건은 잊을 수 없는 충격적인 사건이었습니다. 이 사건은 정보기관과 검찰 등 권력기관이 증거를 조작해 한 시민의 삶을 철저히 파괴한 국가 범죄 사건이었습니다. 유우성 씨는 무죄를 선고받았으며, 국정원 직원은 모해증거위조죄로 실형을 선고받았습니다. 권력기관의 부패와 부당행위에 철퇴를 내리는 일은 언제나 어렵고, 그 어떤 문턱보다 높습니다. 하지만 그 문턱이 높다는 이유로 외면하거나 포기한다면, 그건 정치의 무능이자 직무유기이고 실패입니다. 정치의 궁극적인 목표는 모두가 잘 살기 위함이고, 그중 우선되고 그 무엇보다 집중해야 하는 건 억울한 한 사람을 바라보는 일입니다. 억울한 한 사람은 사회의 부조리와 국가의 무능에서 발생하기 마련입니다. 권력이 억울한 사람을 만들 땐 그 둔턱을 넘기 쉽지 않지만, 높을수록 악착같이, 떨어지고 고꾸라져도 반드시 넘어야 합니다.

11

열한 번째 문턱

탄핵의 혼돈 속에서
18년 만에 연금 모수개혁,
조용하게 그러나 확실하게!

2024년 6월, 8년 동안 몸담아왔던 법제사법위원회를 떠난 저는 국회 보건복지위원장으로 선출됐습니다. 법사위가 헌법과 제도의 최후 보루라면, 보건복지위는 국민의 삶과 가장 맞닿아 있는 자리였습니다. 정쟁의 최전선에서 한발 물러나 민생의 중심으로 이동한 선택이었습니다. 당시 정부는 헌정사상 유례없이 거부권을 연이어 행사하며 국회의 입법을 가로막아 연금과 의료, 돌봄 같은 시급한 민생 과제들은 오랫동안 뒷전으로 밀려나 있었습니다. 특히 2025년 봄, 헌법재판소의 탄핵심판과 예기치 않게 치러진 '장미 대선'으로 정치 지형은 극도로 혼란스러웠습니다.

이런 상황 속에서 저는 보건복지위원장으로서 여야를 설득해, 무려 18년 동안 미뤄져왔던 연금개혁 중 모수개혁을 이뤄냈습니다. 정쟁 없이, 파행 없이, 조용하지만 신속하게 움직였습니다. 돌이켜보면 헌정 사상 최초로 패스트트랙을 설계하고 협상 대표로 나섰던 경험, 그리고 21대 국회 말 극한 대립의 시기에 원내수석부대표로서 원내 전략을 총괄했던 경험이 큰 자산으로 발동된 순간이었습니다. 저도 작정하면 이를 악물고 싸울 줄 아는 정치인입니다. 다만, 갈등과 싸움은 최후의 수단입니다. 목표를 위해선 때로 상대 당 의원들에게 깍듯이 허리를 굽힐 수 있어야, 국회의원이 그렇게 해야 국민들이 행복해집니다. 나중에 전해 들은 얘기지만, 윤석열 정부 시절 국민의힘을 호령했던 모 국회의원이 이랬다고 합니다. "그거 그 법안, 박주민이 한다고? 그럼 해줘."

잠시 옆길로 샜지만, 이번 연금개혁은 국민연금이 직면한 재정의 지속가능성과 노후 소득 보장을 동시에 고려한 첫 번째 실질적 진전이었습니다. 보험료율을 현행 9%에서 13%로, 2026년부터 매년 0.5%p씩 8년에 걸쳐 점진적으로 인상하는 한편, 소득대체율을 40%에서 43%로 상향하는 것이 핵심이었습니다. 더 내되, 그만큼의 노후를 보장하겠다는 사회적 합의의 출발점이었습니다. 이 개정안은 보건복지위원회와 법제사법위원회를 거쳐 여야 합의로 본회의를 통과했고, 국민연금 제도가 더 이상 방치될 수 없다는 정치의 최소한의 책임을 제도화하는 계기가 됐습니다.

저는 그런 의미에서 이번 연금개혁을 단순히 수치 조정의 결과로

말뿐이 아니라 행동으로 문턱을 넘는 일을 계속하겠습니다. ⓒ이호

보지 않습니다. 저출생과 초고령 사회로의 길목에서, 국민연금에 대한 불신을 방치하는 것은 미래 세대에 대한 무책임이며 책임 전가이기 때문입니다. 완결된 개혁은 아니지만, 멈춰 있던 시곗바늘을 다시 움직이게 하는 첫걸음이었습니다. 정치는 모든 걸 완벽하게 하고, 모든 갈등을 말끔하게 해소하는 게 아니라, 이 사회가 타협할 수 있는 계기와 동기부여를 마련하는 과정이라고 생각합니다.

검찰개혁이나 권력기관과 싸우는 제 모습을 보도를 통해 보신 많은 분들이 저를 외골수로 보시기도 합니다. 대화와 토론, 경청을 좋아하고 일도 잘하는 저의 인생 모토는 죽기 전에 역사의 수레바퀴를

1cm만이라도 굴려보자는 겁니다. 말로 하는 일은 쉽지만, 행동으로 문턱을 넘는 일은 쉽지 않습니다. 몸을 옹그리고 구르고 굴러, 그 턱을 넘어야 하니까요. 그래서 이렇게 구부정해졌나 봅니다.

12

개미투자자의 자산을 불려라!
코스피 5000을 여는 초석을 만들다

기업의 성과는 모든 주주의 투자에서 비롯되는데, 의사결정의 과실은 소수 대주주와 경영진에게 집중되고 손실은 개미투자자와 소액주주가 떠안는 현실이 반복되고 있었습니다. 주주는 법적으로는 '주인'이지만 실제로는 그 어떤 권리도 행사할 수 없고, 모든 결정에 배제되어 있었습니다. 이 왜곡된 구조가 자본시장에 대한 불신을 키우고 있다는 판단을 했습니다. 그래서 저는 21대 국회에서 회사 이사들의 충실의무의 대상을 '회사'뿐만 아니라 전체 주주로 넓히는 내용의 「상법 개정안」을 발의했습니다. 그러나 당시 국회와 재계의 반발은 거셌습니다. 뻔한 레퍼토리가 또다시 등장했습니다. "기업 경영을 위축시킨다"는 명분하에 법안은 21대 국회의 문턱을 넘지 못했습니다.

22대 국회가 시작되자마자 저는 같은 취지의 법안을 다시 발의했습니다. 한 번의 실패로 접을 수 있는 문제가 아니었기 때문입니다. 코스피 5000, 6000시대로 가기 위해서는 단기 시세차익이 아니라 장기 투자와 시장에 대한 신뢰가 필요했고, 그 출발점은 개미투자자들의 권리를 제도적으로 보호하는 데 있다고 판단했습니다. 미국 자본시장이 강한 이유도 경영진의 충실 의무와 주주권 보호가 명확하고, 기업 가치 제고가 주주 이익과 직결되는 구조를 만들어왔기 때문입니다.

전환점은 이재명 대통령의 집권 이후 찾아왔습니다. 새 정부는 공정한 시장 질서와 자본시장 선진화를 핵심 국정 과제로 제시했고, 제가 지속적으로 발의해온 주주권 강화 법안은 그 방향과 정확히 맞닿아 있었습니다. 여전히 여야 간 첨예한 대립이 계속됐지단, 이 법이 한국 경제의 체질 개선을 위한 최소한의 개혁이라는 공감대가 형성되기 시작했습니다. 기업이 정상적으로 경영되고, 주주의 감시와 참여 속에서 장기 전략을 세울 수 있어야 혁신도 가능하다는 인식이 확산되면서, 법안은 마침내 국회 본회의를 통과했습니다.

법이 시행된 이후, 변화는 조용하지만 분명하게 나타나고 있습니다. 기업들은 단기적 편법 전술 대신 중장기 성장 전략과 주주 환원 정책을 함께 고민할 수밖에 없게 됐고, 이러한 기업 경영 문화가 정착될 경우, 자본시장은 다시 신뢰를 회복해갈 수 있습니다. 자본가뿐만 아니라 수많은 개미투자자들이 '을'이 아니라 시장의 당당한 주주와 주체로 존중받는 구조가 조성될 때, 코스피 5000시대는 구호뿐 아니라 현실이 됩니다. 실제로 지난 1월 코스피가 사상 처음 5000선을 돌파했고, 전망은 5000을 넘어 6000을 향하고 있습니다. 21대와 22대 국회를 거치며 포기하지 않고 밀어붙였던 입법 과정을 통해, 우리 국민들의 '찐' 시장주의는 민주주의 안에서 이뤄질 수 있음을 다시 한번 확인할 수 있었습니다.

이재명 대통령의 총괄선대본부장 그리고 기본사회위원장, 방향과 가치로 말하다

2021년 여름은 뜨거웠습니다. 이재명 후보와 이낙연 후보 간의 더불어민주당 대통령 후보 경선이 치열한 서막을 올리고 있었습니다. 경선 초반부터 이재명 후보는 대중적 지지와 정책 이슈 주도력에서는 강점을 보였지만, 당내 조직과 국회 경험을 중심으로 한 안정적 선거 운영에 취약하단 평가를 받았습니다. 경선 구도가 이재명-이낙연 양강 구도로 빠르게 재편되면서, 캠프에는 정책·메시지 경쟁뿐 아니라 당내 다양한 집단과 지지층에 대한 설득이 필요했습니다. 이 과정에서 저는 이재명 후보로부터 총괄선대본부장을 제안받았습니다.

당시 저는 당내에서 비교적 선명한 개혁 성향을 가지면서도, 법사위원·당 최고위원 등을 거치며 강경 투쟁과 함께, 당내외 협상 등의 경험도 가지고 있었습니다. 그렇다 보니 이재명 후보의 총괄선대본부장으로 선임되었고, 경선 기간 동안 캠프의 전면에 서서 전략 조율과 대응을 맡게 됐습니다. 단순한 인기 경쟁보다는 이재명 후보가 당시 고민하고 있던, '전환의 시대와 대한민국이 도약할 기회, 그리고 그 안에서의 이재명의 역할' 등에 대해 당원과 지지자들에게 보여드리고자 했습니다. 저는 본선에서는 전략적 승부처로 평가받았던 방송 토론 및 12번의 후보 방송 연설을 맡아 준비했고, 그 과정에서 전환과 도전, 기본사회에 대한 많은 이야기를 당시 이재명 후보와 나눌 수 있었습니다.

첫 번째 대선에서 아쉬운 패배를 한 끝에 당대표에 취임한 이재명 당시 당대표는 제게 '기본사회위원회'를 맡아달라고 제안했습니다. 기본사회는 이재명 대통령이 성남 시절부터 오랫동안 가지고 있었던 핵심적인 정치 지향점이었을 뿐만 아니라, 당대표 시절에는 당 강령에도 포함시킨 조직이었습니다. 당 기본사회위원회의 수석부위원장으로, 그리고 국회기본사회포럼 대표로, 2025년 대선에는 후보 직속 기본사회위원회 위원장으로 이재명 대통령의 기본사회 비전을 만드는 데 힘을 보탤 수 있었던 건 제겐 행운이었고 보람이었습니다.

우리 앞에 놓인 위기는 단순히 경기의 부침이나 일시적 불황의 문제가 아닙니다. 불평등과 양극화는 구조적으로 고착되고 있고, 그 결과 사회 전체의 도전과 혁신의 역량이 점점 고갈되며 저성장의 악순

저성장의 악순환을 끊기 위한 출발점은 기본사회입니다. ⓒ이호

환이 반복되고 있습니다. 이런 악순환을 끊기 위한 출발점인 기본사회는 최소한의 삶을 보장하는 복지에 머무는 것이 아니라, 사회적·경제적 약자들이 실패를 두려워하지 않고 다시 도전할 수 있는 토대를 만드는 사회입니다. 생존을 걱정하지 않아도 되는 안정적인 기반 위에서 개인의 선택과 노력 하나하나가 의미를 갖도록 하는 것, 그것이 기본사회의 핵심입니다.

하버드대 라즈 체티 교수의 연구는 기본사회가 왜 성장 전략인지 방대한 빅데이터를 활용해 분석했는데, 결론은 "소외된 계층을 방치하면, 그 속에 숨어 있는 아인슈타인을 잃게 된다"는 것이었습니다.

기본사회는 비용이 아니라 투자입니다. 불평등을 방치하는 사회는 재능을 낭비하고 미래의 성장을 스스로 가로막습니다. 반대로 교육, 주거, 의료, 소득의 최소한을 보장해 누구나 다시 일어설 수 있는 사회는 혁신의 저변을 넓히고 지속가능한 성장을 가능하게 합니다. 이재명의 기본사회는 바로 그 방향성을 가리키고 있습니다. 약자를 보호하는 데서 멈추지 않고, 약자가 사회의 주체로 도전하고, 그 도전이 성장의 동력이 되도록 만드는 것, 그것이 우리가 가야 할 궁극적인 목표점입니다. 그래서 저를 비롯한 우리는 이 순간에도 기본사회로의 문턱을 넘고 있는 것입니다.

문신 합법화, 새로운 시대를 열다

20대 국회에서 처음 문신사법을 발의했을 때를 아직도 또렷하게 기억합니다. 법안을 내기 위해 필요한 국회의원 10명의 도장을 채우는 일조차 쉽지 않았습니다. "할 일도 많은데, 박주민은 왜 굳이 이런 일까지 하느냐", "아직 사회적 합의가 안 됐다"는 말들이 반복됐습니다. 그때 문신사는 불법에 방치된 채, 수많은 사람들이 현실에서 이미 선택하고 있는 삶의 방식이었지만, 국회 안에서는 철저하게 외면당했습니다. 저는 이 문턱이 단순히 하나의 법안 문제가 아니라, 시대 변화와 개인의 자유를 제도가 따라가지 못하는 구조적 문제라고 느꼈습니다.

사실 이 싸움은 국회의원이 되어서 처음 시작한 것이 아니었습니다. 변호사 시절부터 문신을 이유로 처벌받거나 생업의 위협을 받는 사람들을 만나왔습니다. 예술가로, 노동자로, 혹은 자기 몸에 대한 선택을 한 시민으로 살아가고 싶었을 뿐인데, 그들은 늘 범법자 취급을 받았습니다. 저는 재판정과 상담실에서 타투이스트들의 이야기를 들으며, '금지'가 아니라 '관리'와 '보호'의 영역으로 옮겨야 한다는 확신을 갖게 됐습니다. 그래서 국회에 들어온 뒤에도 여러 차례 좌절을 겪으면서도 문신사법을 포기하지 않았습니다.

법안은 20대, 21대를 거치며 번번이 벽에 부딪혔지만, 사회 분위기는 달라지고 있었습니다. 문신은 더 이상 일부의 일탈이 아니라 문화와 산업의 한 영역으로 자리 잡았고, 해외에서는 이미 공중보건과 직업의 자유라는 관점에서 제도화가 이루어지고 있었습니다. 저는 관련 토론회를 열고, 의료계와 문신사, 시민단체를 한자리에 모아 치열하게 논쟁했습니다. 반대와 우려를 피해가지 않고 정면으로 마주하며, 안전 기준과 교육, 위생 관리라는 공적 규율 안으로 문신을 끌어들이는 것이야말로 사회 전체를 위한 길임을 설득해 나갔습니다.

그리고 마침내, 10여 년 걸친 노력 끝에 문신사법은 국회의 문턱을 넘었습니다. 그때 윈스턴 처칠의 말이 떠올랐습니다. "성공이란 끝이 아니며, 실패는 치명적인 것이 아니다. 중요한 것은 계속해 나갈 용기다." 문신사법은 사실 저에게도 큰 벽이었습니다. 변호사 시절부터 국회의원이 된 이후까지, 가장 오랜 시간 붙들고 씨름한 과제였기 때문입니다. 쉽게 갈 수 있는 길이 아니었고, 여러 번 좌절도 있었습니다.

그럼에도 끝내 이 법을 통과시킬 수 있었던 이유는 제도의 밖에서 살아가는 사람들이 더 이상 범죄자가 되어서는 안 된다는 신념, 국민의 표현의 자유는 보장되어야 한다는 근본적인 믿음 때문이었습니다.

문신사법은 단지 특정 직업을 합법화했다는 것 이상의 의미였습니다. 오랫동안 금지와 낙인 속에 있던 사람들에게 국가가 처음으로 건넨 인정의 신호였습니다. 미국의 할리우드 배우들이 한국으로 타투를 하러 방문하고, K-타투는 세계를 호령했습니다. 그러나 정작 국내에서 인정받지 못해 궁핍과 죽음으로 내몰리던 수많은 타투이스트들과 이 길고도 높은 문턱을 넘었을 때, 도이 씨와 임보란 씨를 비롯한 제가 만났던 여러 문신사들의 얼굴이 떠올랐습니다. "이제 떳떳하게 내 이름을 걸고 일할 수 있게 됐다", "불법이라는 낙인 없이 위생과 안전으로 평가받을 수 있어 다행이다"라는 말들이 제겐 큰 울림으로 남았습니다. 누군가는 '이보다 더 중요하게 처리할 일이 얼마나 많은데…….'라며 혀를 차실지도 모르겠습니다. 하지만 소수를 외면하는 사회는, 다수와 대중의 소리에도 귀를 닫기 마련입니다. 정치가 넘어야 할 문턱은 많으며, 진심을 다하면 넘지 못할 문턱은 없습니다.

열다섯 번째 문턱

세월호를 넘어 생명안전기본법으로, 역사의 수레바퀴를 1cm라도 옮기자

"박주민, 넌 세월호에 대해서 그동안 뭐 했냐"는 질문을 받을 때, 가장 답답하고도 죄송스러우면서, 여러 가지 복합적인 생각이 듭니다. 9번의 조사와 수사, 감사가 있었고, 그 사이 적지 않은 진실이 밝혀졌지만, 여전히 많은 의문이 남아 있기 때문에 이러한 비판을 감내할 수 있습니다. 다만 시시비비를 따지기에 앞서, 세월호 가족과 대한민국 국민이 함께 해낸 일은 무엇이고, 아직도 못다 한 일은 무엇인지 기억하고 갈 필요는 있을 것 같습니다.

국회에 들어온 뒤, 세월호를 포함해 가습기 살균제 참사, 산업재해 사망사고, 각종 대형 안전사고를 하나하나 마주하면서 이 비극의 공통점을 확인할 수 있었습니다. 사건의 성격과 장소는 달랐지만, 건건이 관할하는 부서가 달랐고, 그만큼 국가의 책임은 쪼개져 있었습니다. 부처별 대응과 반응은 일관돼서 "우리 부처의 소관이 아니라"는 말이 후렴구처럼 반복됐고, 그들끼리의 소통도 단절돼 있었으며, 사후 대책이라는 것은 언제나 임시방편이었습니다. 닮은꼴의 재난은 반복되는데, 여기에 대처하는 모습도 닮은 꼴이었습니다. 되풀이되면 나아지는 게 아니라, 관행이 돼버렸습니다. 그래서 저는 개별 법률을 고치는 방식으로는 한계가 있다고 판단하게 되었습니다. 마침 '모든 정책과 행정의 출발점을 생명과 안전에 두는 기본법'이 필요하다는 걸 시민사회에서 제안했고, 21대 국회에서 우원식 국회의원이 발의했습니다. 그게 바로 생명안전기본법입니다.

생명안전기본법은 특정 사고를 대상으로 한 법이 아니라, 국가가 국민의 생명과 안전을 보호할 1차적 책임을 진다는 원칙을 명문화한 법입니다. 재난을 사전에 예방할 의무, 사고 발생 시 신속하고 통합적으로 대응할 책임, 그리고 사고 이후 진상규명과 피해자 권리 보장을 국가의 책무로 분명히 하는 내용을 담고 있습니다. 무엇보다 세월호 참사처럼 "그때 왜 구조하지 않았는가"라는 공허한 질문이 되풀이되지 않도록, 국가의 작위·부작위 모두에게 책임을 묻는 틀을 만들었지만, 입법까지의 논의 과정은 쉽지 않았습니다. 일각에서는 기존 재난안전 관련 법률로 충분하다고 주장했고, 또 다른 쪽에서는 국가 책임을 과도하게 확대하는 것 아니냐며 반발했습니다. 저는 유가족들과

2025년 10월 29일, 서울 광화문광장에서 '이태원 참사 3주기 기억식'이 열렸습니다. 더 이상 참사가 일어나지 않도록 생명안전기본법을 꼭 통과시키겠습니다. ⓒ박주민 의원실

피해자들이 저에게 했던 질문을 국회로 그대로 가져왔습니다. "왜 우리는 매번 같은 싸움을 처음부터 다시 해야 합니까." 생명안전기본법은 바로 그 간절하고도 절박한 질문에 대한 정치의 응답이어야 했습니다. 여야를 가리지 않고 설득했고, 시민사회와 함께 토론회를 열며 사회적 공감대를 넓혀갔습니다.

　저는 이 법을 추진하면서, 다시 한번 정치의 역할을 생각하게 됐습니다. 생명과 안전은 타협의 대상이 아니라, 무조건 해야 하고 그렇지 않으면 참사가 되고 정치는 죄가 된다는 사실을 가슴속 깊이 새겼습니다. 생명안전기본법은 세월호를 기억하는 방식이자, 재발하지 않도록 하는 최소한의 장치이며 사회적 정치적 약속입니다. 아직 갈 길

은 멀지만, 저는 이 법을 통해 참사 피해 당사자들에게 국가로의 문턱은 낮추고, 안전의 문턱은 높이기로 다짐 또 다짐합니다. 더 이상 국민이 억울한 죽음을 당하지 않도록, 더 이상 죽음 앞에 국민이 홀로 남겨지지 않도록, 제가 정치를 하는 동안 이것만큼은 포기하지도 양보하지도 않겠습니다. 다행히도 이재명 정부의 공약으로 채택돼 통과를 앞둔 생명안전기본법, 끝까지 지키겠습니다.•

• 2026년 2월 현재, 생명안전기본법은 국회행정안전위원회에 상정되어 소위 논의 중이다.

시민이 묻고 박주민이 답하다

1. 그 많던 배지는 다 어디 갔나요?

저를 지켜본 분은 많이들 아시다시피 제 양복 깃에는 많은 배지가 달려 있었는데, 요즘은 많이 뗐습니다. 보는 분마다 배지 어디 갔냐고 물으시는데요. 그 배지를 달아준 분들의 바람이 이뤄지면, 배지를 떼서 보관합니다. 제 책장에는 배지 보관함이 있어요. 국회의원 배지 말고는 모두 직접 만난 국민들이 달아주신 겁니다. 그러고 보면 국회의원 배지도 국민들이 달아준 거라 할 수도 있겠네요.

세월호 나비 배지, 위안부 나비 배지, 나비 배지가 두 개입니다. 동백꽃 배지도 두 개예요. 제주 4·3 동백꽃 배지, 여수순천 10·19 동백꽃 배지. 청소년 참정권 배지도 있었습니다. 이 외에도 이태원참사유가족협의회가 달아주신 보라 리본, 오송참사유가족협의회가 달아주신 초록 리본 배지. 하나씩 하나씩 떼고 나니, 이제 세월호 배지밖에 안 남았는데, 아직 새로 배지를 달아주시는 분들은 없습니다. 다행이다 싶으면서도 제 가슴에 맨 처음, 그리고 가장 오래 달려 있는 세월호 배지를 보면 여전히 마음이 무겁습니다. 세월호 아이들이 제대로 자라 결혼을 일찍 했으면, 지금 아이도 있을 나이들인데요. 세월호 참사는 저의 운

명이고 소명입니다. 제가 그 아이들의 삼촌뻘이 될 겁니다. 끝까지 삼촌 노릇 잊지 않고 살겠습니다.

2. 박주민이라고 다 되는 건 아니잖아요.

소신대로 하다 보니 약자들의 목소리를 대변하는 정치인이 됐어요. 그렇게 소문이 나자, 어디 가서 목소리 한번 제대로 낼 기회도 없는 분들이 저를 많이 찾아왔습니다. 얘기를 들어주고, 필요하면 기꺼이 힘이 돼드리려고 하는데요, 약자의 싸움은 상대적으로 승률이 낮을 수밖에 없잖아요. 지극히 개인적인 억울함은 공론화시키기도 어렵구요. 일단 저는 끝까지 들어드립니다. 듣다 보면 저도 함께 억울해집니다. 하지만 그 억울함을 풀어드리는 건 또 다른 얘기죠. 끝까지 들어드리고, 새드 엔딩이 예상되면 솔직하게 말씀드립니다. 한번은 어떤 분이 찾아오셨는데, 누가 그러시더래요.

"박주민을 찾아가 봐라. 박주민은 해결책을 찾아줄 거고, 찾지 못하더라도 적어도 네 얘기는 들어줄 것이다."

감사한 말씀이죠. 다만 그렇다고 안 되는 일을 된다고 하지는 않습니다. 희망 고문은 더 큰 고문이니까요. 안 될 일이면 왜 안 되는지 구체적으로 설명해드리고, 끝까지 듣고, 말씀하신 내용을 해당 관공서에 전달합니다. 저를 믿어주시니 감사할 따름입니다.

3. "박주민이 한다면서? 그럼 되겠네"라는 말에 대해 어떻게 생각하세요?

제가 워낙 큰 법들을 통과시키니까요. 언젠가 동료 의원이 전해주길, 시민단체 출신 의원님이 이렇게 말씀하셨다고 해요.

"이 법안 박주민이 한다면서? 그럼 되겠네."

좋으면서도 기분이 묘하더라구요. 꼴통이란 소리인가 싶기도 하고요, 하하.

제가 초선 때부터 국민의힘 의원들 사이에선 이런 분위기가 있었다고 해요.

"박주민이 얘기하면 그건 진심이야. 진짜 하고 싶은 거."

저에게는 큰 정치적 자산이자, 반대를 하든 찬성을 하든 박주민이 하는 얘긴 듣게 만드는 힘이라고 생각합니다.

4. 박주민이란 사람은 어떤 남편, 어떤 아빠인가요?

짝꿍은 제가 짝꿍 얘기하는 거, 안 좋아합니다. 지난여름 주말에 수해 복구를 다녀와서 솔이랑 놀아주고 있을 때였는데요. 덥기도 해서 아이와 편의점 앞에 앉아 아이스크림을 먹고 있는데, 지나가던 시민 한 분이 저를 알아보시고 다가오셨어요. 제게 인사를 건네면서 딸아이에게 "아빠 되게 훌륭하신 분이야" 인사말을 해주고 가셨어요.

그런데 솔이가 그 아저씨를 쫓아가서는 뭐라뭐라 말을 하고 돌아오더라구요. 제가 물었죠. "솔아, 아저씨한테 뭐라고 했어?"

그랬더니 솔이 왈,

"우리 아빠 집에선 엄마한테 맨날 야단맞아요."

저도 집에선 늘 야단맞는 서열 3위 남편이자 아빠입니다.

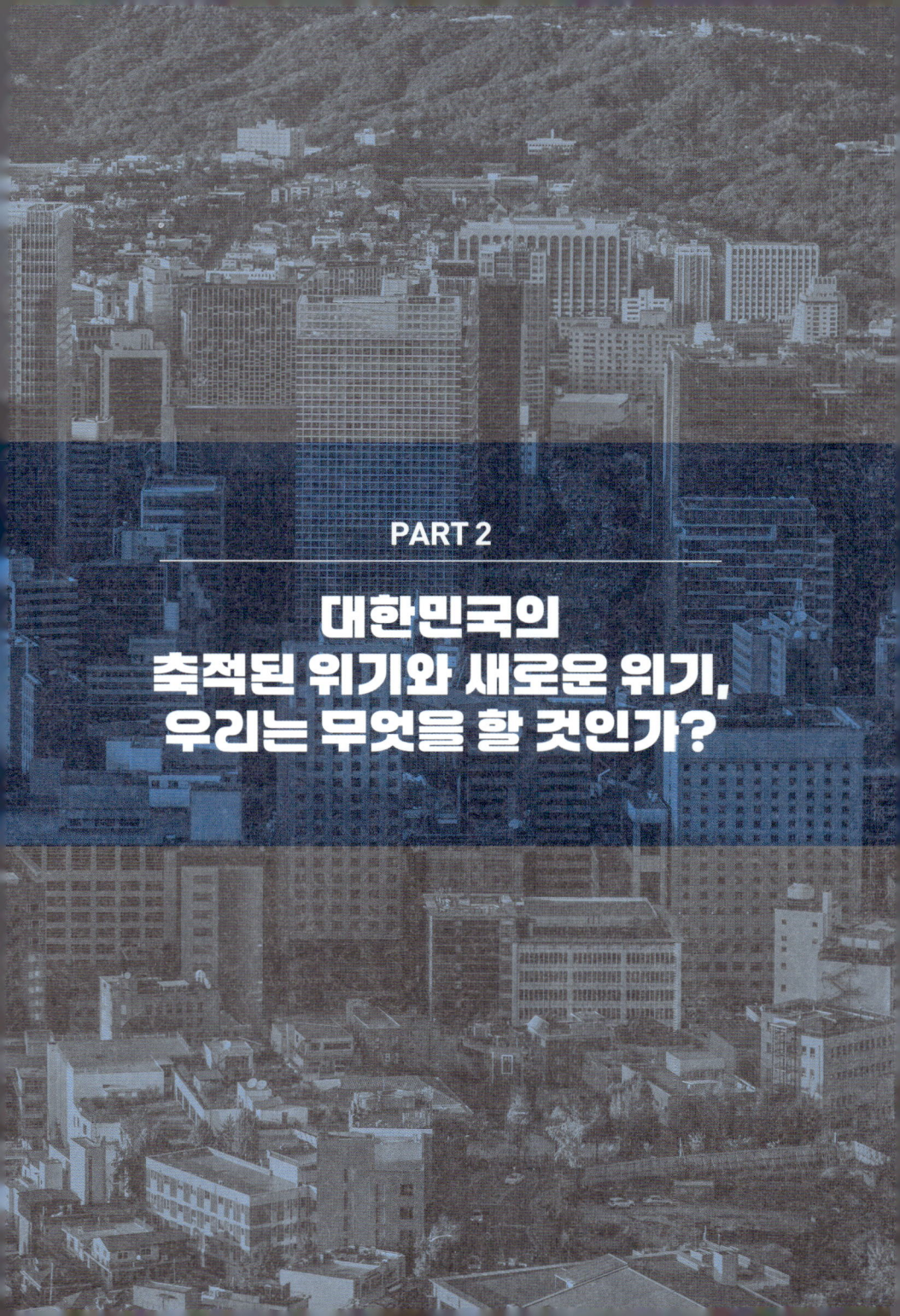

PART 2

대한민국의
축적된 위기와 새로운 위기,
우리는 무엇을 할 것인가?

01
성공한 나라,
대한민국

 21세기 대한민국은 세계가 인정하는 성공한 나라가 됐습니다. 여러 지표와 수치들이 이를 증명하고 있습니다. 2024년 기준으로 한국은 경제 규모 세계 12위*이고, 같은 해 한국의 1인당 국내총생산(GDP)은 경제협력개발기구(OECD) 38개 회원국 중 21위로 일찌감치 일본을 따돌렸습니다.

 하지만 수치상의 경제 규모로만 보면 한국의 비약적인 성공을 당장 실감하기 어려울 수도 있습니다. 특히 젊은 세대에겐 더욱더 그렇습니다. 이럴 때 우리나라가 달려온 성장가도를 한눈에 보여주는 것

● 2024년 기준으로 한국의 국내총생산(GDP) 순위는 12위이다. 1위 미국, 2위 중국, 3위 독일, 4위 일본 등이다. 출처: IMF(국제통화기금)

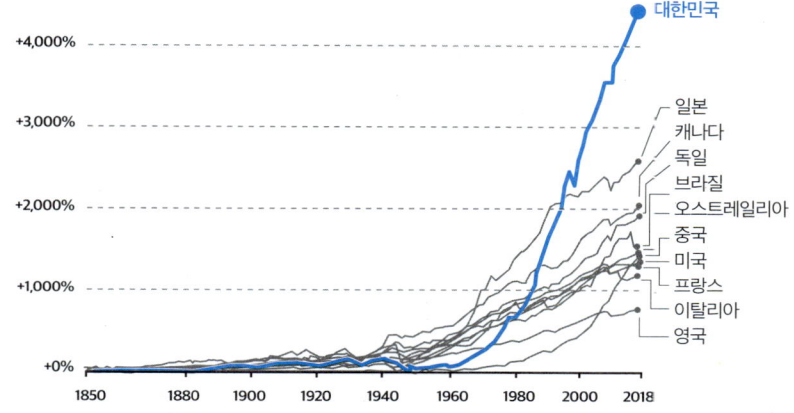

<그래프 1> 1인당 GDP 성장률
출처: Maddison Project Database 2020 (Bolt and van Zanden, 2020)

이 1인당 GDP 성장률 변화 그래프입니다.

위 그래프를 보면 우리나라가 세계 다른 어떤 선진국과 비교해도 극적인 성장세를 이어왔다는 걸 한눈에 볼 수 있습니다. 마치 한 편의 드라마와 같습니다. 전쟁 직후였던 1953년 1인당 국민총소득(GNI) 67달러였던 우리나라는 70년 만인 2024년 3만 6745달러(한화 5012만 원)를 기록했고,● 명목 국내총생산(GDP)은 2556조 8574억 원이 되었습니다.

이른바 30-50클럽이란 용어가 있습니다. 1인당 국민총소득 3만 달러 이상, 인구 5000만 명 이상의 조건을 만족하는 국가를 가리키

● 한국은행 2023년 국민계정(확정) 및 2024년 국민계정, 2025년 6월 발표.

는 용어인데, 현재 30-50클럽 국가는 7개 국가로, 일본(1992), 미국(1996), 영국(2004), 독일(2004), 프랑스(2004), 이탈리아(2005), 그리고 2019년, 한국이 일곱 번째 국가로 포함되었습니다. 30-50클럽 국가 중 제국주의를 경영하지 않고, 식민지 역사를 가진 나라로는 우리나라가 유일합니다. 그래서 한국을 일컬어 '제3세계 희망의 등불'이라고 합니다.

그뿐만 아닙니다. 미국 비즈니스 매체인 〈CEO 월드 매거진〉이 선정한 '2025년 세계에서 가장 영향력 있는 국가' 순위에서 한국은 7위●를 기록하며, 전통적 강대국인 프랑스마저 추월했고, 2025년 한국 수출은 사상 처음으로 연간 7000억 달러를 돌파하면서, 2018년 6000억 달러를 넘어선 지 7년 만에 전 세계에서 여섯 번째로 7000억 달러 수출이라는 대기록을 달성했습니다.●● 경제 규모만이 아닙니다. 저의 학창시절만 하더라도 일명 '미제', '일제'가 최고인 줄 알고 자랐고, 노래는 팝송을, 영화는 미국·중국영화, 중국계 배우들의 사진을 코팅한 책받침을 애지중지하던 시절이었습니다. 하지만 지금은 K-콘텐츠로 불리는 한국의 대중문화가 세계를 선도하고 있습니다.

빌보드 핫100, 글로벌 200에 한국 아이돌이 정상에 등극하고, 해마다 글로벌 시상식에 이름을 올리고 있습니다.

● 1위 미국 95.36점, 2위 중국(94.86점), 3위 러시아(94.81점), 4위 인도(94.76점), 5위 영국(94.56점), 6위 일본(94.31점), 8위 프랑스(93.55점), 9위 이탈리아(93.3점). 출처: 대한민국 정부

●● 앞선 다섯 나라는 중국, 미국, 독일, 일본, 네덜란드이다.

한국이 제작한 콘텐츠는 공개와 동시에 OTT 1위를 차지하고, K-푸드도 세계인의 입맛을 사로잡고 있습니다. 이런 K-콘텐츠의 위상을 증명하듯 영국 '옥스퍼드영어사전'에는 2000년대부터 한국 문화에서 유래한 단어들이 대거 등재되고 있습니다. 최근엔 라면(ramyeon), 해녀(haenyeo), 선배(sunbae)를 비롯해 빙수(bingsu), 찜질방(jjimjilbang), 코리안 바비큐(Korean barbecue), 오피스텔(officetel), 아줌마(ajumma) 총 8개의 단어가 추가 등재됐습니다.

미국 경제 전문지 〈포브스〉는 2025년 '세계에서 가장 영향력 있는 여성 100인'에 넷플릭스 애니메이션 〈케이팝 데몬 헌터스〉의 여성들을 100위로 선정했습니다. 실제 인물이 아닌 가상의 캐릭터가 포브스 선정 100인에 오른 것이기도 해서 매우 이례적인 일로 평가되고 있습니다. 한국은 어느새 세계적으로 문화적 영향력이 강력한 나라가 되었습니다.

BTS, 블랙핑크에 이은 〈케이팝 데몬 헌터스〉의 수록곡 〈골든〉이 한국 문화를 세계의 문화로 확산시켰습니다. 또한 소설가 한강의 노벨문학상 수상으로 세계는 한국문학에도 주목하고 있습니다.

일각에서 제기되던 "곧 꺼질 것"이라던 한류의 불씨는 하루가 다르게 저변을 넓히며 확산하고 있고, 한국, 그리고 서울은 세계인의 선망의 대상이 됐습니다.

02
성공 이면의 그늘

    경제와 문화강국이라는 화려한 성과 뒤엔 우리 시대의 아픈 민낯의 그늘도 있습니다.

    2025년 한국은 미국, 독일, 중국, 일본, 네덜란드에 이어 연간 수출 7000억 달러에 도달한 세계 여섯 번째 나라가 됐습니다.* 영국, 프랑스 등 내로라하는 부유한 국가들도 달성하지 못한 수출 7000억 달러 달성이라는 점에서, 자랑스러운 성취가 아닐 수 없습니다. 1970년대 초, 연간 수출 10억 달러를 달성한 이래 50여 년 만에 연간 수출 총액

● 2025 연간 수출액: 7097억 달러(1025조 2600억 원) 출처: 1월 1일 산업통상부가 발표한 「2025년 연간 및 12월 수출입 동향」

이 무려 700배나 늘어난 겁니다.● 게다가 2025년은 그야말로 트럼프 정부로부터 내내 '관세폭탄'을 종용받았던 시기였는데 말입니다.

하지만 이런 가파른 경제성장과 K-콘텐츠라는 화려한 성공의 이면에는 깊은 민낯의 그늘도 있습니다. 국가는 비약적인 성장을 거듭하고 있지만, 구성원 개개인 상당수는 깊은 우울감에 자살을 하는 경우도 급증하고 있습니다. 보건복지부의 사망원인 발표에 따르면 2024년 한국의 자살사망자 수는 1만 4872명으로. 매일 40.6명이 자살로 생을 마감하고 있습니다. 한국의 자살률은 OECD 국가 중 1위이며, 자살률 1위 국가라는 오명을 안은 지는 이미 20년이 넘었습니다. 2024년 기준 한국의 자살률은 인구 10만 명당 29.1명으로, OECD 평균 10.8명보다 2.4배 이상 높습니다.●● 노인자살률은 더 참혹해서 2025년 발표한 통계청 국가통계연구원의 「광복 80년, 통계로 본 한국 사회의 변화상」(한국의 사회동향 2025) 분석에 따르면, 인구 10만 명당 자살사망률은 70대 39.0명, 80대 이상 59.4명으로 평균을 크게 웃돌고 있습니다. 고령층 못지않게 청년 자살률도 심각하긴 마찬가지여서, 10대부터 40대까지의 사망원인 1위가 자살이며, 50대는 2위입니다. 이 순간에도 우리 주위의 누군가는 스스로 생을 마감하거나 자살을 심각하게 고민하고 있는 게 현실입니다.

● 1971년 공식 수출 실적은 10억 6760만 달러, 사상 처음 10억 달러를 넘겼다. 출처: 대한민국 국가 지도집

●● 보건복지부(2025.09.25.), "2024년도 자살률 29.1명, 2011년 이후 가장 높아" 보도자료

출생률도 우리나라의 그늘을 잘 보여줍니다.[*] 2018년 최초로 합계출산율이 1명대 아래(0.98명)로 떨어진 이래, 합계출산율은 계속 감소하다가 2023년 0.72명으로 최하위를 찍은 뒤 2024년 소폭 상승하면서 0.75명을 기록하고 있습니다. OECD 국가 중 자살률은 가장 높고, 합계출산율은 가장 낮은 오명을 쓰게 된 겁니다. 사정이 이렇다 보니, 2017년 우리나라를 방문했던 크리스틴 라가르드 국제통화기금(IMF) 총재가 "한국은 '집단자살(collective suicide) 사회'"라고 말하기도 했고, 해외에서는 극단적인 표현으로 "한국은 망했네요"라는 반응까지 나오고 있습니다.[**]

테슬라 최고경영자(CEO)인 일론 머스크는 인류가 직면한 가장 큰 위기로 인구 감소 문제를 지목하면서, 대표적인 사례로 여러 차례 한국을 언급했습니다. 2025년 3월 그는 미국 폭스뉴스와의 인터뷰[***]에서 "한국과 같은 곳에서 출산율은 대체출산율의 3분의 1 수준이다. 이는 3개 세대가 지나고 나면 현재 규모의 3~4%가 될 것이라는 의미"라며 "어떤 것도 이를 되돌리지 못할 것처럼 보인다"고 말합니다. 이어 2026년 1월에는 "한 나라가 바른 경로로 가지 않는다는 신호 중

● KBS 가정의 달 특별기획 5부작(2024.05.02.), 〈저 너머의 출산 '전쟁 중인 국가보다 출산율이 더 낮은 우리나라'〉

●● 한겨레신문, 조윤영 기자(2023.08.24.) — "한국 완전히 망했네요…" 미국 교수가 머리 부여잡은 '0.78'

●●● 폭스뉴스, 마델린 코긴스 (2025.05.28.) — "Elon Musk reveals what keeps him up at night amid ongoing DOGE mission" "일론 머스크, 진행 중인 DOGE 미션 속에서 밤잠을 설치게 만드는 고민을 밝히다"

하나는 성인용 기저귀가 아기용 기저귀보다 많아질 때"라며 "한국은 이미 수년 전에 그 지점을 넘어섰다"고도 말했습니다. 이어서 머스크는 "한국의 대체출산율•을 보면 3세대 후 인구가 27분의 1로 줄어든다. 현재 규모의 3% 수준이 된다"며 "북한이 침공할 필요도 없다. 그냥 걸어오면 된다"는 극단적이고도 뼈아픈 발언을 했습니다. 일론 머스크의 표현이 과격하긴 하지만, 그만큼 한국의 저출생 문제는 세계적으로 '인구절벽'의 대표적인 예시가 되고 있는 겁니다.

'자살률은 최고, 출생률은 최저'라는 것은 경제·문화 선진국에서 살고 있는 한국인의 현재 삶이 정작 행복보다는 불행에 가깝다는 것을 의미할 뿐만 아니라, 대한민국의 미래에 심각하고도 다급한 경종을 울리는 것입니다.

우리가 흔히 말하는 잠재성장률은 한 나라의 현재 기술과 제도, 국민의 교육 수준 아래에서 추가적인 물가 상승이 일어나지 않는다는 전제하에 그 나라가 가지고 있는 노동과 자본 등을 이용해 달성할 수 있는 최대 성장률을 말합니다. 따라서 잠재성장률은 우리나라 경제의 체력을 보여주는 수치라고 할 수 있습니다. 눈으로 보이는 실질성장률은 이 잠재성장률의 범위 안에서 결정되는 경우가 대부분입니다.

하지만 대한민국은 저출생 고령화로 인구절벽의 대표적인 사례가

● 대체출산율: 현재 인구 규모를 유지하는 데 필요한 합계출산율

되고 있고 이 같은 현상은 한국의 잠재성장률을 위협하고 있습니다. 실제로 한국은행 등 금융기관들은 한국의 저출생 고령화 기조가 지속되거나 심화될 경우, 잠재성장률을 장담할 수 없단 예측을 내놓고 있습니다.

2000년 이후 한국의 잠재성장률은 5%대에서 1%대까지 꾸준히 하락했습니다. 재정경제부가 OECD 자료를 근거로 제시한 역대 정부 잠재성장률을 살펴보면 김대중 정부(1998~2003년 2월) 당시 5.4%였던 잠재성장률은 노무현 정부(4.7%), 이명박 정부(3.8%), 박근혜 정부(3.2%), 문재인 정부(2.7%), 윤석열 정부(2.3%)를 거치면서 지속적으로 감소했습니다.●

(연평균★, %)

2025-2029년	2030-2034년	2035-2039년	2040-2044년	2045-2049년
1.8	1.3	1.1	0.7	0.6

(★연평균: 생산함수 모형 기준, 연간 변화율의 5년 평균)

〈표 1〉 잠재성장률 전망
출처: 한국은행(2024.12.19.) [제2024-33호] 「우리 경제의 잠재성장률과 향후 전망」

위 표를 보면 현재와 같은 상황이 지속될 경우, 뒤에서 제시할 긍정적인 시나리오가 적용돼도 2030년에는 한국의 잠재성장률이 1%대

● CBS노컷뉴스, 김승모 기자(2026.01.09.) ─ 2026년 경제성장전략 '경제대도약 원년' 선언… 잠재성장률 반등으로 '2% 성장' 도전

로 떨어지고, 심지어 미래 한국의 잠재성장률을 0%대로 예상하는 관측도 있습니다. 이재명 정부는 잠재성장률이 실질성장률을 끌어내리는 것을 막기 위해, 특단의 조치를 마련 중입니다.

끝끝내 국민들을 자살로까지 몰아넣는 생활고를 '어떻게 개선할 것인지'에 대한 고민은 현재의 고통을 해결하기 위해서뿐만 아니라 미래의 지속가능한 성장을 위해서라도 절박하게 이뤄져야 합니다.

03
그동안의
성장방식

  왜 우리나라의 경제가 성장했음에도 불구하고 국민들은 고통받고 있는 것일까요? 눈부신 경제성장에도 불구하고, 〈그래프 2〉가 보여주듯 가계소득은 제자리걸음 또는 상대적으로 둔한 성장세를 보이고 있습니다.

  〈그래프 3〉을 통해서도 국민총소득 중 가계-기업-정부의 분배비율에서 가계로의 분배율이 줄었다는 것을 알 수 있습니다. 더 나아가 〈그래프 4〉에서 보듯 소득 상위 10% 또는 그 이상의 고소득층에게 분배되는 비중이 커지면서 국민 상당수를 차지하는 소득 하위층이 경제적 압박과 고통을 받고 있음을 확인할 수 있습니다. 즉, 성장에도 불구하고 그 과실이 가계로 들어오는 몫이 줄어들고 있고, 이렇게 줄

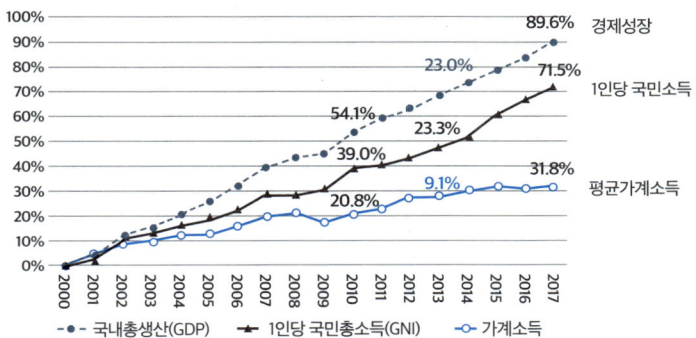

〈그래프 2〉 실질가치 누적증가율

출처: 「2024년 한국의 국민계정」(한국은행), 「2011년~2015년 가계금융복지조사 결과」(국가데이터처)

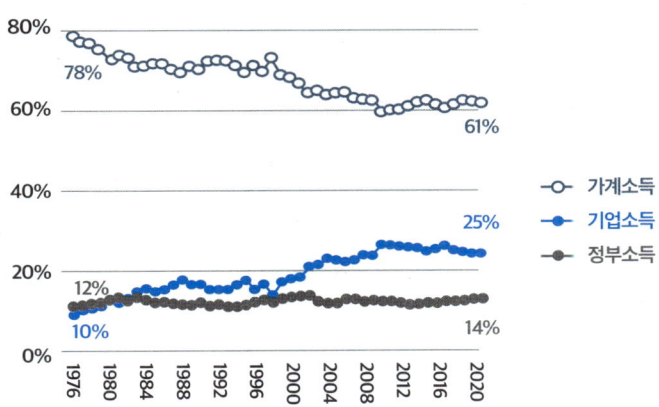

〈그래프 3〉 국민총소득 중 가계-기업-정부 분배비율

출처: 「2024년 한국의 국민계정」(한국은행)

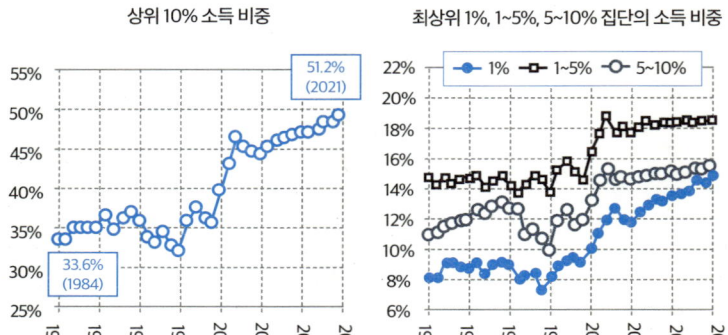

<그래프 4> 최상위 소득 비중

출처: 「2011년~2025년 가계금융복지조사 결과」 (국가데이터처)

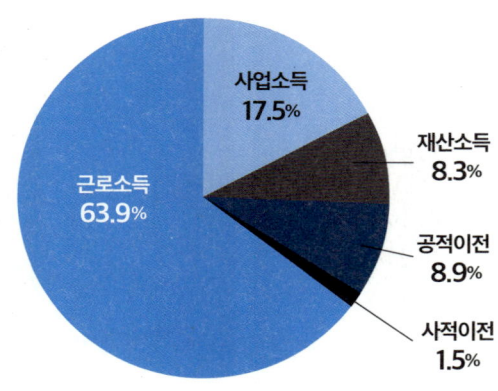

<그래프 5> 2024년 소득원천별 소득구성 비율

출처: 「2011년~2025년 가계금융복지조사 결과」 (국가데이터처)

어드는 몫조차 일부 고소득층에 집중되면서 다수의 국민은 성장의 혜택을 누리지 못하고 있다는 것입니다.

한 단계 더 나아가, 국가경제성장에도 불구하고 왜 소득 하위계층에겐 분배가 제대로 이뤄지지 않고 있는지를 보다 면밀히 살펴보겠습니다. 가구마다 소득의 원천은 다양합니다. 대표적인 가계소득으론 근로소득과 사업소득, 보유하고 있는 자산에서 파생되는 재산소득 그리고 아동수당 등과 같이 정부 지자체로부터 지원되는 (공적)이전소득 등이 있습니다. 〈그래프 5〉에서 보듯 이런 다양한 소득원천 중에 근로소득이 차지하는 비중은 2024년 기준 64%에 달해, 높은 비중을 차지합니다. 따라서, 근로소득의 실태를 살펴보면 다수의 국민들에게 소득이 제대로 분배되지 않는 이유를 보다 자세히 알 수 있을 것입니다.

〈그래프 6〉을 보면 월 300만 원 미만의 급여를 받는 노동자의 비중이 조금씩 줄고는 있지만 여전히 60%에 이른다는 것을 알 수 있습니다. 또한 2024년 기준 우리나라는 중위임금의 3분의 2 미만을 의미하는 저임금노동자가 전체 임금노동자의 16.1%를 차지하고 있습니다. 이는 OECD 평균(12.7%)보다 높습니다. 저임금노동자가 많다는 것입니다.

그렇다면 저임금노동자는 왜 많을까요? 전체 일자리 중 중소기업이 제공하는 일자리는 2024년 기준으로 61.5%인 반면, 대기업 일자리는 17%에 못 미칩니다.* 이런 가운데, 일자리의 60% 이상을 차지

● 뉴스1(2025.12.11.) — 대기업 일자리 8만 개 증발… 중소기업도 1만 개 줄었다

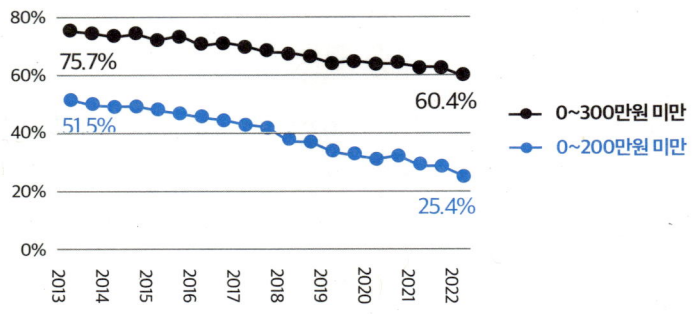

〈그래프 6〉 월 300만 원 미만 급여 노동자 비중 추이
출처: 「2000~2025년 상반기 지역별고용조사 취업자의 산업 및 직업별 특성」(국가데이터처)

하는 중소기업의 임금 평균은 대기업 일자리 평균의 62.2%밖에 되지 않습니다.• 소수의 대기업 일자리와 다수의 중소기업 일자리 간 임금 격차가 매우 크다는 의미입니다. 대기업과 중소기업의 임금 격차를 좀더 자세히 보면 제2, 제3의 하청으로 내려갈수록 임금 수준은 눈에 띄게 떨어집니다. 예를 들어 원청인 현대자동차를 기준으로, 1차, 2차, 3차 하청업체로 내려가면서 임금 수준은 급격히 줄어들어 3차 하청업체의 평균 임금 수준은 현대자동차의 평균 임금의 24.5%에 불과합니다. 현대자동차의 3차 하청업체 노동자의 평균 연봉은 2300만 원으로, 월 200만 원 미만 일자리인 것입니다. 반면 현대자동차의 2023년 신입사원의 평균 연봉은 9000만 원 이상인 걸로 알려져 있습

• 한국일보, 김청환 기자(2025.03.16.) ─ 중소기업 상용 근로자 1년 임금, 대기업의 약 62% 그쳐

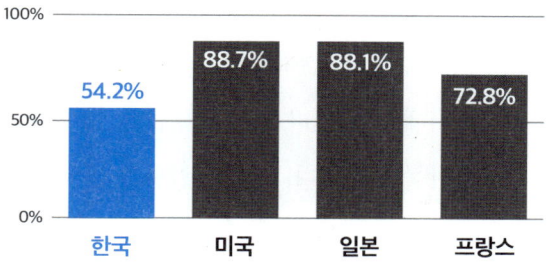

〈그래프 7〉 대기업 대비 중견·중소기업 임금 비중 (2017년 기준)
출처: 중소기업연구원, 연구위원 노민선(2018.12.30.), 「대-중소기업 간 임금격차 국제 비교 및 시사점」

니다.

　대-중소기업 간 임금 격차는 다른 선진국에서는 볼 수 없는 기형적인 현상입니다. 〈그래프 7〉에서 보듯 미국, 일본, 프랑스에서는 '500인 이하 고용 기업 임금'이 '500인 이상 고용 기업 임금'의 최하 70% 이상입니다.

　여기에 또 하나 짚어볼 것은 비정규직 임금 문제입니다. 우리나라의 비정규직 규모는 2022년 기준 OECD 평균의 2배 이상입니다. 2025년 12월 한국노동연구원 「제27차(2024)년도 한국 가구와 개인의 경제활동, 한국노동패널 기초분석보고서」에 따르면, 상용직의 월평균 임금은 359만 원인 반면, 임시직은 176만 원(49%), 일용직은 224만 원(62.4%)에 그쳐 정규직 대비 절반 수준의 임금 격차가 있습니다.

　이와 같은 내용을 보면 우리나라의 경제가 성장했음에도 불구하고 왜 다수의 국민의 삶은 나아지지 않았는지 알 수 있습니다. 문제는 단지 경제적 양극화만 불러오진 않는다는 것입니다. 소수의 대기업 정규직 일자리에 취업하기 위해서는 대기업이 선호하는 소위 명문대를 나와야 하기에, 우리나라 교육을 명문대 입시 위주의 교육으로 왜곡시키는 결과를 낳습니다. 따라서 일자리 양극화를 그대로 두고 입시제도만 바꾼다고 해서 교육과정의 왜곡을 해결하기는 어려울 것입니다.

참고로 일자리의 양극화에 더해 우리나라는 1년 미만 단기근속자의 비중이 OECD 평균보다 상당히 높습니다. 청년, 중소기업, 비정규직에서의 매우 짧은 근속기간이 전체적으로 평균을 깎고 있는 측면이 강합니다. 2021년 기준으로 OECD 국가의 1년 미만 단기근속자 비중 평균은 19.5%이지만 한국은 31.0%입니다. 사람들이 우리나라의 노동이 지나치게 경직되어 있다고 보는 것과 실제 상황은 매우 다르게 많은 사람들이 불안 속에 직장생활을 이어나가고 있는 것입니다.

왜 이렇게 일자리 양극화가 심화되었을까요? 그것은 우리나라가 그동안 지켜왔던 성장방식에 기인합니다. 우리나라의 성장방식이 '정부가 지원하는 수출 중심의 대기업이 주도하는 성장'●이었다는 점은 부인할 수 없는 사실입니다. 그리고 우리 기업들은 창조보다는 다

● 2024년 한국의 명목 GDP는 1조 8699억 달러로 세계 12위를 기록했으며, 수출액은 6836억 달러로 세계 6위에 해당했다. GDP 대비 수출 비중은 36.6%로, 주요 20개국 중 세 번째로 높은 수준이다. (2024. 한국무역협회)

른 선진국의 산업과 기술을 충실히 모방하는 '패스트 팔로워'로서 성장해온 것도 부인할 수 없는 사실입니다.

또 다른 측면을 살펴보겠습니다. 이해하기 위해서는 먼저 임금의 두 가지 측면을 봐야 합니다. 임금은 기업에게는 비용이지만 시장에서 물건을 파는 단계에서는 소비자의 소비력의 원천입니다.

그런데 우리나라처럼 수출을 중심으로 한 성장구조에서는 기업의 수요처(소비자)는 국내가 아니라 국외입니다. 싸게 만들어서 국외에 있는 사람들에게 많이 파는 것이 핵심이죠. 그렇다면 국내 노동자의 임금은 소비의 원천이란 의미는 상대적으로 크지 않은 반면, 비용으로서의 의미가 훨씬 큽니다. 그러니 국내에서 고용하는 노등에 대해서는 가능한 한 낮은 임금을 주려는 경향이 나타납니다.

또 수출하는 대기업의 입장에서는 자신들에게 소재나 부품을 공급하는 업체, 즉 중소기업 등이 최대한 낮은 가격으로 물건을 납품해주기를 요구하게 됩니다. 이는 대기업에 납품하는 중소기업의 입장에서도 싸게 물건을 만들어 납품해야 하기에 싼 임금을 주고 노동자를 고용하려 한다는 것을 의미합니다. 결국 이러한 구조가 반복되면서 임금이 억제되는 상황이 국내 성장방식에 깔려 있다고 볼 수 있습니다.

정리해보면, 아래와 같은 사정에 의해 다수의 국민들에게는 나라의 성장에도 불구하고 삶이 고되게 느껴지는 것입니다.

첫 번째, 우리나라는 수출을 주도하는 대기업을 중심으로 성장했다.

두 번째, 그러나 성장의 과실이 온전히 가계로 배분되지 않고 오히려 가계로 배분되는 몫의 비율은 줄어들고 있다.

세 번째, 이렇게 줄어드는 몫 중 많은 부분은 소수 상위계층에 집중적으로 배분되고 있다.

네 번째, 가계소득 중 가장 큰 부분을 차지하고 있는 근로소득을 보니, 저임금노동자가 많고, 소수의 대기업 일자리와 다수의 중소기업 일자리 간 격차가 매우 크게 벌어져 있으며, 정규직 노동자와 비정규직 노동자 간 격차도 매우 큰 상황이다.

다섯 번째, 그리고 일자리는 매우 불안정한 상황이다.

여섯 번째, 상대적으로 나은 소수의 대기업 일자리를 둘러싼 무한경쟁이 펼쳐지고, 이것이 교육과정에서의 무한경쟁으로 이어지면서 교육과정도 왜곡시키고 있다.

상황이 이렇다 보니 많은 사람들이 자의 반 타의 반으로 자영업에 뛰어들고 있습니다. 실제로 우리나라의 자영업자 비중은 OECD 평균보다 상당히 높습니다. OECD 평균 16.9%인 데 비해 1.42배인 23.9%입니다(2021년 기준).

영업자의 수가 늘면 동종의 자영업자 간 경쟁은 격화되고, 치열한 경쟁 속에 자영업자의 업황은 악화돼, 일부는 폐업 수순을 밟게 됩니다. 실제로 2023년 기준 자영업 폐업률은 10.8%로, 2016년 이후 감소

세를 보이다 2023년 상승 전환됐고, 신규 창업 대비 폐업 비율은 무려 79.4%에 이릅니다.● 폐업을 하지 않더라도 인건비를 감당하지 못해 사장님 혼자 운영하는 사업장이 상당수며, 임대료를 충당하기 위해 새벽부터 밤까지 문을 열고 일하는 작은 가게 사장님이 부지기수이지만, 자영업자의 부채는 2025년 1분기 기준 1068조 원, 연체율은 코로나를 거치면서 2배 이상 증가했습니다.●●

소득뿐만 아니라 자산의 불평등도 심각한 상황입니다. 2025년 기준 순자산 지니계수●●●는 0.625로, 관련 통계가 집계되기 시작한 2012년 이후 최고치를 기록했습니다.●●●●

가계부채도 급증해 한국의 가계부채비율은 2024년 기준 OECD 국가 38개국 중 2위를 기록하고 있습니다.●●●●● 이렇게 가계부채비율이 높다는 것은 소비여력이 낮다는 의미이고, 이는 곧 내수경제의 부진과 연결됩니다.

지금까지 살펴본 바와 같이, 현재 우리나라의 경제구조는 일부 부유층을 제외한 노동자나 자영업자 모두에게 안정된 소득을 보장하기

● 국세청(2024.09.), 「최근 10년간 개인사업자 현황」

●● 뉴스프리존(2025.12.16.) — 1068조 규모 자영업자 부채… 코로나 거치며 연체율 2배 이상↑

●●● 소득 불평등 정도를 나타내는 대표적인 지표. 0에서 1 사이의 값을 가지며 0에 가까울수록 소득 분배가 평등하고 1에 가까울수록 불평등함을 의미한다.

●●●● 출처: 2025년 가계금융복지조사

●●●●● 연합뉴스, 신호경 한지훈 민선희 기자(2025.03.16.) — '대출 공화국' 작년 말 가계부채비율 세계 2위… 통화정책 '발목'

란 어려운 구조입니다. 치열한 경쟁 속에 소위 '몸을 갈아 넣어야 하는 상황'이지만, 그만큼 소득이 보장되지 않는 씁쓸한 현실인 겁니다. 자산의 불평등이 심해지고, 버티며 살아도 부채는 늘고 삶의 호흡이 가빠지다 보니, 출생률은 낮아지고, 자살률은 높아지는 것입니다.

04
지금은 성장방식의
구조를 바꿔야 할 때

위기 상황을 극복하고 살 만한 국가와 도시로 만들기 위해서는 성장방식의 구조를 바꿔야 합니다. 그뿐만 아니라 우리가 지속해왔던 성장방식 자체를 유지하기 어려운 새로운 상황도 벌어지고 있습니다.

우선 치열한 경쟁 속에 우리 수출기업이 보유하고 있던 상대적 기술의 우위를 상실하고 있습니다. 한국 제조업 경쟁력지수(CIP)는 2014년부터 중국에 추월당했습니다.● 개별 상품만 보더라도 중국 제품과 격차가 줄거나 사라지고 있고, 특히 AI나 AI를 기반으로 하는 가전이나 자율주행 분야에선 중국이 한국을 앞질렀단 평가도 나오고

● 출처: UN 산업개발기구(UNIDO)

있습니다. 결국 우리 기업의 수출 경쟁력은 낮아지고, 가격 경쟁력에서는 중국에 뒤지고 있습니다. 이게 현실입니다. 과거에는 '중국산은 싸구려'라는 인식이 팽배했지만, '합리적인 가격의 고품질'이라는 우리 상품의 영예를 중국 제품들이 위협하고 있는 겁니다. 기술·생산공정의 혁신이 시급한 이유입니다.

우리나라 경제성장의 또 다른 걸림돌은 기후위기에 대한 적응의 문제입니다. 기후위기를 늦추기 위한 거대한 무역장벽이 수출 위주의 우리 경제에 위협이 되고 있습니다. 가장 대표적인 예가 RE100입니다. RE100은 기업이 사용하는 전력을 100% 재생에너지(태양광·풍력 등)로 전환하겠다는 글로벌 캠페인을 말합니다. 현재 구글, 애플, 마이크로소프트, 이케아, BMW 등 전 세계 400개 이상 글로벌 기업이 참여하고 있고, 한국에서도 SK·삼성SDI·LG에너지솔루션 등 주요 기업이 동참하고 있습니다. 상당수 글로벌 기업들이 RE100에 동참을 선언한 만큼, 이 대기업들에 납품하는 중소기업들도 재생에너지 100%로 제품을 생산할 수밖에 없는 상황이 되어가고 있습니다.

KDI 국제정책대학원 에너지경제연구원이 펴낸 보고서 「RE100이 한국의 주요 수출 산업에 미치는 영향(Impacts of the RE100 Initiative on Major Korean Export Industries)」을 보면 "한국 기업들이 RE100에 참여하지 않는 경우, 주요 수출 업종인 자동차, 반도체, 디스플레이 패널 산업의 수출액이 각각 15%, 31%, 40% 감소할 것"이라는 충격적인 전망이 담겨 있습니다. 그런데 삼성전자가 2022년 6월 30일 공시

한 「2022 지속가능 경영 보고서」에는 "2021년에 삼성전자가 전 세계 사업장에서 사용한 전력은 약 3만 기가 와트이고, 이 중 17%를 재생에너지로 사용했다. 2020년부터 삼성전자는 미국, 유럽, 중국 사업장에서는 모든 전력을 재생에너지로 충당하고 있다. 브라질과 멕시코 사업장의 재생에너지 사용률도 전년 대비 각각 94%, 71% 증가했다. 삼성전자가 국내에서 확보했다고 밝힌 재생에너지 규모는 500기가 와트 수준에 그쳤다"는 내용이 담겼는데, 이 보고서의 내용이 사실이라면 삼성전자의 경우 반도체를 생산하기 위해서 국내에서 대폭적으로 재생에너지 사용을 늘리거나 반도체 생산시설을 재생에너지를 쉽게 구할 수 있는 곳으로 이전해야 하는 상황입니다. 만약 삼성전자가 반도체 생산시설을 해외로 이전한다면 당장 국내에 일자리 감소 등 부정적 영향을 줄 것이 불을 보듯 뻔합니다.

참고로 대만의 세계적인 반도체 제조업체인 TSMC는 대만 서부 해상에 건설 예정인 대규모 풍력발전단지와 20년 장기 전력구매계약(PPA)을 체결하고, 2023년부터 '대만 내 재생에너지 공동 조달 프로그램 운영', '대만 에너지 인증제도(T-REC, Taiwan Renewable Energy Certificate) 구매' 등의 방법으로 2040년까지 대만 내 공장이 사용하는 전력의 100%를 재생에너지로 전환해 RE100을 달성한다는 계획을 추진 중입니다.• 기후위기에 대비하기 위한 무역조치로는 RE100

• KEA 에너지 이슈 브리핑 제252호(2024. 11. 4.), 「대만의 재생에너지 조달 현황」

외에, 유럽연합(EU)의 탄소국경조정제도(CBAM: Carbon Border Adjustment Mechanism)도 있습니다. CBAM은 EU가 역내 배출권거래제(EU ETS)와의 형평성을 확보하기 위해 탄소배출이 많은 철강, 알루미늄 등의 수입품에 사실상의 탄소 가격을 부과하는 무역·환경 연계 제도이고, 2026년부터 시행됨에 따라 유럽에 철강이나 알루미늄을 대량으로 수출하는 우리 기업은 상당한 영향을 받을 것으로 예상됩니다. 이에 따라 우리나라의 철강산업 등은 탄소 배출을 줄이는 생산 방식으로의 전환이 필요합니다.

이렇듯 기후위기는 이제 환경의 문제가 아니라 산업 질서를 재편하는 기준이 되었습니다. RE100, 탄소국경조정제도와 같은 새로운 규칙은 시장에 참여할 수 있는 자격 요건이 되고 있습니다. 여기에 AI로 대표되는 기술 전환은 기후위기 못지않게 산업과 사회의 구조를 근본적으로 흔들고 있습니다. 이 전환은 단순한 자동화나 효율 개선의 문제가 아니라, 생산 방식·고용 구조·국가 경쟁력의 기준 자체를 바꾸는 변화입니다.

먼저 고용 측면에서 AI 전환의 충격은 이미 수치로 확인되고 있습니다. 한국은행 분석에 따르면, 현재 한국의 일자리 중 AI 기술로 대체될 가능성이 높은 일자리는 341만 개로 전체의 약 12%에 해당합니다. 같은 보고서는 2024년 기준 전체 일자리의 10개 중 9개가 향후 6년 내 업무의 90% 이상을 AI와 로봇이 수행할 수 있을 것으로 전망합니다. 또한 한국노동연구원 연구에 따르면, AI 도입이 예정된 기업

가운데 47.9%가 신규 채용 수요 감소를 예상하고 있습니다. 이러한 변화는 숙련되지 않은 노동자, 특히 청년층의 고용 감소로 먼저 나타날 가능성이 큽니다. 여성 청년층의 경우에는 고용 감소뿐 아니라 임금 하락 가능성까지 함께 제기되고 있습니다.

변화는 고용에만 국한되지 않습니다. AI 전환은 대한민국의 수출 주력 산업 구조 자체를 재편하고 있습니다. 반도체, 자동차, 조선, 철강, 전자 등 기존 제조 강국의 핵심 산업에서도 경쟁의 기준은 '생산 능력'에서 'AI 기반 설계·운영·최적화 역량'으로 빠르게 이동하고 있습니다. 미국 제너럴 일렉트릭(GE) 헬스케어는 지난 4년간 AI와 첨단 디바이스를 도입해 초정합 기술을 발전시켰고, 이를 통해 미국 식품의약국(FDA)으로부터 100여 건의 인허가 승인을 획득했습니다. 독일 역시 '인더스트리 4.0' 전략을 통해 제조 공정 자동화와 AI 기반 품질·생산라인 최적화를 추진하며 효율을 극대화하고 있습니다.

이처럼 AI를 활용한 신제품 설계, 공정 자동화, 디지털 시뮬레이션을 선제적으로 도입한 국가와 기업은 글로벌 시장에서 주도권을 지속적으로 확대할 것입니다. 반대로 대응이 늦어질 경우 가격 경쟁력과 기술 경쟁력을 동시에 상실할 위험이 커지고 있습니다. 여기에 더해 기술 주권 상실의 위험도 간과할 수 없습니다. 제조업, 금융, 의료, 공공행정 등 국가 핵심 기능이 외국 AI 플랫폼과 알고리즘에 의존하게 될 경우, 산업과 정책의 자율성이 구조적으로 제약될 수밖에 없습니다. AI 전환이 '기술 주권 경쟁'의 문제로 확장되그 있는 이유입니다.

아울러 AI 확산은 에너지·전력·인프라 병목이라는 새로운 부담을 동반합니다. 생성형 AI와 대규모 데이터센터 운영은 막대한 전력을 소모하며, 안정적인 전력망 확보 없이는 AI 산업의 확장 자체가 어렵습니다. 고성능 연산을 위한 데이터센터, 반도체 공정, 스마트공장이 동시에 확대될 경우 전력 수요는 급격히 증가할 수밖에 없으며, 이에 대응하기 위한 전력망과 지역 인프라의 국가적 확충이 필수적입니다.

기후위기를 명분으로 국가와 대륙마다 제시하는 새로운 무역조치들과 AI의 대변화에 따른 산업질서의 개편에 대응하기 위해선 우리나라 산업 전반의 대전환이 필요합니다. 이런 전환은 막대한 비용이 들어가는 일이지만 다른 시각으로 생각해보면, 새로운 산업과 일자리 창출의 기회로 볼 수 있습니다. 과정은 순탄하지 않겠지만, 정의로운 재생에너지 전환을 통해 우리 산업의 경쟁력을 높이고, 새로운 일자리와 미래 먹거리를 만들어내기 위한 민관의 결단이 필요한 때입니다. 언제나 그랬듯 대한민국은 위기를 기회로 만드는 나라입니다.

여기에 더해서, 수출 다변화 정책도 필요합니다. 미중 갈등과 미국의 관세폭탄으로 인해, 특정 국가에 수출이 집중되는 현실이 얼마나 큰 위험부담을 안고 있는지 확인할 수 있는 최근이었습니다. 미중갈등 관세장벽 같은 상황이 앞으로 어떤 식으로 전개될지 미지수지만,

수출 중심의 우리 경제는 선제적으로 대비해야 합니다. 2025년 우리나라 화장품 수출 규모는 전년보다 12.3% 증가한 114억 달러(약 16조 6155억 원)를 기록하며 역대 최대 실적을 경신했습니다.[*] 양적인 성장도 고무적이지만, 수출 다변화에 성공했다는 점에 주목할 필요가 있습니다. 여전히 2025년 K-뷰티의 수출은 미국 중국 일본에 집중돼 수출 상위 10개국이 전체 매출액의 70% 이상을 차지했지만, 아랍에미레이트와 폴란드가 각각 8위와 9위로 진입했고, 수출국은 2024년 172개국에서 2025년 202개국으로 1년 새 30개국이 증가했습니다. 미국, 중국으로의 수출 비중은 점차 감소하는 한편, 유럽, 중동, 서남아시아, 중남미 등으로 수출이 증가하는 수출 다변화 현상이 나타난 것입니다. 모든 수출 품목에서 수출 다변화가 시급한데 한류로 인해 이런 환경이 조성되고 있습니다.

이상에서 살펴본 바와 같이 우리나라의 경제적 양적 질적 성장을 위해, 기존 제품의 경쟁력 유지와 함께 새로운 미래 먹거리를 위한 기술혁신이 필요하고, 기후위기로 한층 두터워지는 무역장벽에 효과적으로 대응해야 합니다. 그리고 수출 다변화가 시급합니다. 열거한 이야기들은 새로운 게 아니고 누구나 알고 있지만, 관건은 실천입니다. 충분히 예상 가능하고 파급력이 크지만, 익숙함·과소평가·비용 부담

● 식품의약품안전처(2026.01.09.), "25년 K-뷰티 수출, 114억 달러로 역대 최대치 경신" 보도자료

때문에 위험이 방치됩니다. 달려오는 회색코뿔소*에 방어하고, 우리의 성장 엔진이 꺼지지 않도록 바로 지금 시작해야 합니다.

● 어떤 위험이 발생할 가능성과 그것이 가져다줄 충격이 충분히 예상되지만 쉽게 간과하는 위험 요인을 이르는 말. 회색코뿔소는 거대한 몸집으로 멀리서 보아도 그 존재를 알 수 있다. 그러나 막상 코뿔소가 눈앞에 달려올 때까지 두려움 때문에, 혹은 대처 방법을 찾지 않아 아무것도 하지 않다가 결국 위험에 빠지게 된다는 의미다.

05
기술혁신을
위해서

  지금까지와는 차원이 다른 혁신으론 어떤 것이 있을까요? 우선 R&D에 대해 좀더 과감하게 투자해야 할 것입니다. OECD는 회원국들의 R&D 투자 수준을 GDP 대비 비율(즉 R&D 집중도)로 비교하는데, 우리나라의 R&D 지출 비율은 GDP 대비 약 5.0%로 CECD 국가들 중 두 번째로 높은 수준입니다.●

  그런데 비율 기준으로는 R&D가 높아 보지만, 절대 금액(total R&D 지출액)으로 보면 미국, 중국 등 대규모 경제권이 우리나라보다 훨씬

● 과학기술정책위원회(CSTP) 「2025 과학기술혁신 전망」 보고서, "2023년 한국 R&D 집중도는 5%로, OECD 국가 중 1위인 이스라엘 (6.3%)에 이어 두 번째"

많은 금액을 R&D에 투입합니다.[*] 그리고 2023년 기준으로 한국의 총 R&D 비중은 131조 원인데 이 중 민간은 103조 원으로 우리나라 전체 R&D 투자에서 민간 부문이 80% 이상을 차지합니다.[**]

따라서 우리나라에서 보다 과감한 R&D 투자가 이루어지려면 정부 차원의 R&D 투자가 공격적으로 이뤄져야 합니다. 또한 R&D 투자는 더 이상 '언 발에 오줌 누기'식의 단기적 임시방편이 돼선 안 됩니다. 혁신성이 큰 R&D 분야일수록 멀리 내다봐야 하고, 이런 분야의 R&D 투자는 민간이 아닌 정부가 주도적으로 해야 합니다. 그리고 연속성이 있어야 합니다. 정권이 바뀌면 하루아침에 예산을 깎아버리는 일은 더 이상 되풀이돼선 안 됩니다. 이재명 정부는 2026년 예산 중 총 지출의 5%, 전년 대비 75%로 총 35조 3000억 원을 R&D에 투자하기로 했습니다.[***]

정부의 R&D 투자는 재정을 직접 투입하는 방법도 있지만 정부가 주도하는 펀드나 기금을 활용한 방식도 있을 수 있습니다. 이재명 정부는 국민성장펀드라는 이름으로 150조 원에 달하는 펀드를 조성

● 출처: OECD Science, Technology and Innovation Outlook 2025 — Driving Change in a Shifting Landscape
2023년 기준 미국 R&D 지출은 9560억 달러(약 1200조 원), 중국 9170억 달러(약 1150조 원)로 한국(약 131조 원)의 10배 이상이다.

●● 2024년도 발표한 과기정통부 연구개발활동조사

●●● 대한민국 정책브리핑(2025.08.22.) — 이 대통령 "내년 정부 R&D 예산안 35조 3000억 원… 역사상 최대"

하여 운영할 예정입니다. 정부 등 공공이 75조를 부담하고, 민간이 75조를 출자하는 방식입니다. 정부가 선도적으로 투자 위험을 부담해, 민간투자를 효율적으로 이끌어낸다는 방침입니다. 주요 투자 분야로는 인공지능(AI), 자율주행, 전기차, 신약 등을 개발하는 것 등입니다. 이제는 많이 알려졌지만 대만의 세계적인 반도체 제조업체인 TSMC는 1987년 설립 당시 대만 정부가 주도하여 국책은행과 공적기금이 초기지분투자를 하여 거의 반절에 가까운 48%(약 2억 2천만 달러)를 출자한 바도 있습니다.* 이 외에 노르웨이나 싱가포르 등도 여러 산업에 모험자본 역할을 국가나 공공이 해오고 있습니다.**

　정부는 R&D에 대한 투자 이외에 조달을 통해서도 혁신을 일으킬 수 있습니다. 정부는 GDP의 15~20% 수준의 구매력을 가진 '최대 소비자'이기 때문에, 정부 조달의 방향이 바뀌면 산업 구조 자체가 바뀝니다. 이뿐만 아니라 정부의 막대한 예산이 특정 기술·제품을 구매하면 민간 기업들은 '아! 이 분야는 확실한 시장이 있구나!'라는 확신으로 투자를 하게 되면서, 민간 R&D·투자 촉발을 유도할 수 있습니다. 실제로 미국의 경우 주정부의 반도체·인터넷·GPS·클라우드 초기 시

● 서울경제, 박윤선 기자(2025.08.20.) — 대만 "美의 TSMC 지분 확보, 사실이면 정부 심의받아야"
●● 노르웨이 GPFG(Government Pension Fund Global), 싱가포르 Temasek & GIC (참조: www.vciinstitute.com)

장을 정부 조달로 활성화했고, 유럽의 녹색산업은 공공조달을 통해 초기 수요를 확보하면서 성장할 수 있었습니다.

좀더 구체적인 예를 들어보겠습니다. 여러분이 매일 사용하는 휴대폰의 터치스크린은 미 육군이 사막에서 장비를 다루기 쉽게 만들기 위해 개발된 기술입니다. 그리고 이제 운전할 때 없으면 안 되는 GPS 기반 내비게이션은 미 해군이 대양에 떠 있는 선박의 위치를 정밀하게 파악하기 위해 취득한 기술입니다. 더 나아가 인터넷 역시 전세계에 퍼져 있는 미국의 미사일 기지들을 통제하기 위한 방안에서 출발한 기술입니다. 미국에서는 이들 역할을 효과적으로 수행하기 위한 국방고등연구계획국(DARPA)을 두고 있습니다. 이렇게 개발된 기술이 시장에 도입되면 엄청난 구조의 변화가 일어납니다. 일본에서도 정부가 시행하는 복지사업, 그중에서도 돌봄 사업에 사용되는 돌봄 로봇이나 센서 등을 정부가 도입하면서 로봇시장을 재편했고, 이를 근간으로 기술표준을 만들어가고 있습니다.

이처럼 '혁신은 기업의 몫'이라는 고정관념에서 벗어나 혁신의 주체를 다양화하는 고민이 필요한 시점입니다. 특히 새로운 미래 먹거리를 구상하고, 기존 산업의 경쟁력을 제고해야 하는 작금의 상황에선 이런 구상이 절실합니다. 국가의 역할이 단순한 지원사업에 그칠 게 아니라, 필요하다면 혁신의 주체가 돼야 합니다. 앞서 언급했던 것처럼 시간이 오래 걸리거나 거대 자본이 들어가는 대대적인 공공투자와 민간이 도전하기에는 사업적 부담이 따르고, 필요하지만 성패를 장담할 수 없는 사업들은 정부가 주체가 돼 추진할 필요가 있습니다.

한편, 기술혁신을 위해 정부의 직접 참여도 필요하지만, 정부 주도의 혁신 기반 조성 사업도 필요합니다. R&D의 경우 투자 규모에 비해, 눈에 띄는 성과가 적거나 더디다는 평가를 받습니다. R&D 자체의 성격이기도 하지만, 인재가 부족하다는 지적도 나오고 있습니다.

이와 관련해선 라즈 체티 교수의 연구●를 주목해볼 필요가 있습니다. 빅데이터를 활용한 불평등과 기회 격차 연구로 유명한 하버드대학교의 경제학과 라즈 체티 교수는 혁신적 발명가 120만 명의 삶을 추적했습니다. 지난 수십 년의 특허자료, 국세청 및 뉴욕시 교육청자료를 통합해 분석하는 대형 연구였는데 분석 결과, 혁신가는 대부분 중산층 이상의 가정에서 나왔습니다. 소득수준 50% 이하의 가정에서 태어난 발명가는 1천 명 중 1명 미만이었고, 반대로 상위 1% 가정에서 그 확률이 10배 이상 높아졌습니다. 성별 격차도 상당해서, 발명가의 82%는 남성이었습니다. 라즈 체티 교수의 연구에 따르면, 개인의 능력은 선천적으로 타고나는 게 아니라 후천적 환경으로 달라질 수 있습니다. 사회와 국가의 재정적 지원과 교육 서비스가 빈부 격차 없이 공평하게 지원됐다면, 다수의 저소득층과 여성 가운데에서 인류는 '수많은 아인슈타인'을 육성할 수 있다는 사실의 방증이었습니

● 「Who Becomes an Inventor in America?: he Importance of Exposure to Innovation」

다. 국가는 개개인의 힘으로는 꽃피울 수 없었던 숨겨진 재능을 찾아내 사회에 이바지할 수 있게 해야 합니다. 그의 연구를 통해, 혁신적인 인재를 양성하기 위한 국가나 공공의 능동적 역할을 적극적으로 고민하지 않을 수 없습니다.

기존 교육과정에 대한 대대적인 투자와 혁신도 필요하지만, 이에 적합한 교육 프로그램 개발과 확충도 못지않게 중요합니다. 하루가 다르게 진화하는 AI 시대에 모든 트렌드는 빠르게 변화하고 있습니다. 기존의 직업은 사라지고, 새로운 일자리가 생기는 만큼 이에 걸맞은 교육과정도 새롭게 디자인되고 만들어질 필요가 있습니다. 산업 전환을 위해서는 단순히 특정 산업이 다른 산업으로 자본만 이동하는 게 아니라, 노동도 따라 이동해야 합니다.

이와 관련해서도 참고할 만한 해외 사례가 있습니다. 핀란드의 '노키아 브릿지'가 그것입니다. 노키아는 1988년 미국 모토로라를 제치고 2011년까지 13년간 세계 휴대전화 판매량 1위를 기록한 핀란드의 대표적 IT 기업이었습니다. 2011년 기준 노키아 총수입은 핀란드 총 GDP의 20%를 차지할 정도로 세계를 무대로 막강한 노키아 시장을 구축했습니다. 그랬던 노키아가 2년 뒤인 2013년 9월 마이크로소프트(MS)사에 모바일 사업부를 매각했습니다. 2000년대 후반 스마트폰으로의 시장 변화에 제대로 대응하지 못했기 때문입니다. 모바일 사업부를 매각한 노키아는 2011년부터 퇴직자를 대상으로 노키아 브릿지 프로그램을 시작했습니다. 구조조정 대상자들에게 2~6개월간 임금을 지급하며 재취업할 경우에는 커리어 코칭, 이력서·면접 지원, 네트워킹 등에 도움을 주고, 창업에 나서는 경우 아이디어 검증, 멘토링, 초기 사업 설계 등의 혜택을 부여해주는 프로그램이었습니다. 노키아는 퇴직자에게 창업 시 1인당 최대 2만 5000유로(3350만 원)를 지원했습니다. 이뿐만 아니라 노키아는 그들이 소유한 특허까지 이들에게 무상으로 제공했습니다. '앵그리 버드'로 유명한 로비오, '클래시 오브클랜'을 만든 슈퍼셀 등 세계적 게임 업체가 바로 이렇게 해서 탄생한 노키아 출신의 창업 회사들입니다. 현재 핀란드가 스타트업 선도 국가로 발돋움하게 된 것은 역설적이게도 노키아가 휴대폰 사업을 접었던 것 때문입니다.

만약 우리나라에서도 경쟁력을 잃어가는 산업에 종사했던 사람들을 다른 산업으로 이동하는 것을 돕는 효율적인 구조가 있었다면 어땠을까요? 산업전환에 따른 갈등은 줄고, 보다 신속한 산업전환이 이뤄졌을 것입니다. 그러나 과거 사례들에서 보면 한국은 산업전환의 과정에서, 기존 노동자들을 정리해고시키는 데에만 급급했고, 노동자들은 '구조조정은 곧 노동자의 죽음'이라며 강경한 대응만을 해왔습니다. 그 과정에서 노사 간의 갈등은 들불처럼 일어났고, 천문학적인 사회적 비용과 시간이 소모됐습니다. 무엇보다 노동자들의 우수한 경력이 사장되는 결과만 낳게 됐습니다. 산업으로의 전환이 유(有)에서 무(無)가 아니라, 유(有)에서 또 다른 유(有)로의 이동이 될 수 있도록 노키아 브릿지와 같은 취지의 프로그램 개발이 필요합니다.● 기업과 기업, 기업과 노동자가 경쟁관계나 종속관계에 그치지 않고 상생관계로 자리매김할 때 더 나은 발전단계로 진입할 수 있습니다.

혁신을 위해 또 하나 고민해야 할 것이 있습니다. 혁신은 기회를 제공받은 인재가 실패를 두려워하지 않고 도전할 때 생겨납니다. 인간은 언제나 닥쳐올 위험에 대한 계산을 하기 마련입니다. 실패의 비용이 낮아질수록 도전의 확률이 높아지고, 도전이 많아질수록 혁신으로의 길은 가까워집니다. 이는 최근 행동경제학, 노동경제학, 기업혁신에 대한 연구 등에서 일관되게 확인되고 있습니다. 혁신성이 뛰어난 것으로 알려진 덴마크는 '실패해도 괜찮다', '안전하다'는 게, 사회제도적으로 보장돼 있습니다. 우리나라도 혁신을 위한 도전의 횟수를 늘리기 위해선 도전하는 인재를 위한 '사회적 안전망'이 보장돼야 합니다. '실패는 곧 끝'이며 '도태'와 '파산'이 아니라 다음 기회를 위한 전 단계임을 보장하는 사회가 돼야 합니다. 기다려주고 지지해주는 문화가 필요합니다.

● 미국 증권거래위원회, 2011년 노키아 주식회사 연차 보고서(Form 20-F)

06

줄어드는
노동력에 대한 대응

기술혁신을 위한 노력만큼 아니 그 이상 신경을 써야 하는 부분이 바로 저출생, 고령화로 인한 노동력 저하에 대한 대응입니다. 인구가 줄어들어 생산가능인구가 줄어들 때 흔히 사용할 수 있는 방법은 이민을 받아들이는 방법, 출산율을 높이는 방법 등입니다. 전자의 경우는 너무 급격한 이민 수용이 사회의 문화적 동질성을 침해하는 등의 문제를 일으킬 수 있다는 점이 단점으로 지적돼왔습니다. 후자의 경우는 급격하게 출생률을 높이기 어렵다는 점, 출생률을 높인다고 하더라도 새롭게 출생한 인구가 노동시장에 진입하기 위해서는 상당히 긴 시간이 소요된다는 점 등이 단점으로 지적됐습니다.

그래서 제3의 방법이 주목받았는데, 바로 여성의 노동참여를 높이는 방법입니다. 한 사회에서 노동시장에 참여하지 않고 있는 여성의 대부분은 이미 교육되어 있을 뿐만 아니라 사회에도 적응되어 있기에 바로 투입이 가능하며 비슷한 생산성을 낸다는, 간단하지만 확실한 이유 때문입니다. 많은 나라들이 이 방법을 사용해왔고 사용하고 있는데, 북유럽 같은 복지선진국이 그럴 뿐 아니라 일본이나 미국과 같은 나라에서도 비슷한 정책들이 추진되고 있습니다. 일본의 경우 우머노믹스라는 정책 패키지가 시행되었으며, 미국의 경우에도 바이든 대통령의 아메리칸 패밀리 플랜이라는 이름으로 기획되고 실행되었습니다.

우리나라의 경우 여성의 노동참여가 상당히 개선되기는 하였지만 2023년 기준으로 OECD 38개국 중 31위로 낮은 수준입니다. 서울대 경제학과 이철희 교수는 최근 발간한 저서 『인구에서 인간으로』에서 우리나라 여성이 OECD 평균 수준으로만 노동참여를 하면 노동력 감소로 인한 타격을 거의 받지 않는다고 밝힌 바 있습니다. 그뿐만 아니라 IMF는 여러 보고서 등을 통해 여성의 노동참여가 개선될 경우 노동력 자원이 확대되어 경제성장의 결과를 낳는다는 분석을 반복적으로 낸 바 있습니다.

여성의 노동참여 기회 보장은 성평등이라는 관점에서 매우 당연히 이루어져야 합니다. 여기에 더해 성평등의 차원뿐만이 아니라 국민경제의 성장을 위해서도 여성의 노동시장 참여는 독려될 필요가 있습니다. 이를 위해 보육과 교육 등에 대한 사회와 국가의 역할을 키워서,

전통적으로 여성이 많은 부담을 지고 있는 교육과 보육에서의 부담을 줄일 필요가 있습니다. 이러한 부담은 여성이 노동시장에 참여하는 것을 막아온 허들이었기 때문입니다. 지금까지 대부분의 양성평등정책에 대해서 유지되어 오던 좁은 시각에서 벗어나야 합니다.

07
새로운 수출국을
찾아서

 과거 문재인 정부에서는 신남방정책을 펼친 바 있습니다. 한국의 경제·외교 지평을 중국·미국 중심 구조에서 동남아·인도로 전략적 축을 넓히기 위한 국가 차원의 대외정책입니다. 중국 의존도가 높았던 한국 기업의 생산기지 다변화가 필요했고, 아세안이 급성장하는 상황이었으며, 인도가 IT산업을 중심으로 급격히 제조업이 성장하는 상황이었기에 더욱 필요한 정책이었습니다. 이러한 정책은 아세안 다른 국가들과의 교역 규모를 확대하는 기폭제가 됐고, 삼성·LG 등 우리나라 기업들의 생산기지가 점차 중국을 벗어나 베트남 등으로 이동 확장할 수 있는 기틀을 마련해주기도 했습니다. 미·중 갈등이 심해지고 관세폭탄 등, 갈수록 예측 자체가 어려운 상황에서 신남방정책을 비롯한 수출국 다변화 전략이 어느 때보다 필요한 시기입니다. 위기에 강한 대한민국의 위력을 다시 한번 국제사회를 향해 펼칠 때입니다.

세계가 열광하는 K-콘텐츠가 한국 도약의 연료가 되고 있습니다. 다양한 국가에서 우리나라에 대한 관심과 호감이 높습니다. 이런 상황을 적극 활용할 필요가 있습니다. 최근 한 지인이 남미에 관심을 가져보라고 조언을 해준 일이 있습니다. 남미에서의 우리나라에 대한 호감이 매우 높다는 것입니다. 국회보건복지위원장으로서 우리나라에 파견되어 있는 아프리카, 아시아, 남미 국가들의 대사들을 차례로 모아 의료보건 분야 협력사항에 대해 논의한 적이 있습니다. 이 자리에는 관계부처도 참석시켜 협력 관련 실무적 이야기도 나눌 수 있게 했습니다. 반응이 좋다 보니 정례화했는데 이러한 경험을 바탕으로 보면 의료와 보건 협력 등을 토대로 한 교역국 확대도 충분히 가능합니다. 국가가 교역국 확대를 적극적으로 노력해야 할 때입니다.

08
대한민국의 심장,
서울에서 해법을 찾아야 한다

  지금까지 살펴본 바를 한 문장으로 정의해보면 '대한민국은 거대한 변화 앞에 있다'입니다. 앞서 이야기한 구조 전환과 기술 혁신, 수출 다변화는 대한민국이 지속되기 위해 반드시 해결해야 할 과제입니다. 이는 단기적, 개별적인 정책으로는 해결하기 어렵습니다. 장기적인 안목으로 국가의 성장방식과 사회 구조 전반을 다시 정비해야 합니다. 이러한 해결책들을 현실화할 엔진이 서울에 있습니다.

  서울은 대한민국 인구의 약 5분의 1이 거주하고 있는, 인적 자원, 자본과 행정 역량이 집중되어 있는 대한민국의 수도입니다. 그동안 서울의 변화는 늘 대한민국 전체의 방향을 선도해왔고, 국가적 전환의 출발점이 되어왔습니다. 하지만 현재 서울이 보여주는 지표들은 결코 좋지 않습니다. 출생률은 세계 최저 수준으로 떨어졌고, 청년층은 주거와 일자리, 삶의 조건을 이유로 도시를 떠나고 있습니다. 서울의 산업 구조는 변화하고 있고 기후위기의 위험은 높아지고 AI와 같은 디지털 전환에 따른 대전환의 기로 앞에 서 있습니다. 앞서 살펴본 대한민국이 마주한 위기와 서울의 위기는 닮아 있습니다. 서울의 도시의 활력이 약화되는 현상은 국가 성장의 핵심 동력이 약해지고 있음을 의미합니다. 서울의 정체는 곧 대한민국 전체의 정체로 이어질 수 있습니다.

이제 국가적 위기에 대한 진단을 넘어 대한민국의 심장인 서울에서부터 구체적인 해법을 찾아보고자 합니다. 서울이 시민의 삶을 지탱하는 '기본'적인 토대를 안정적으로 마련하고, 동시에 새로운 도전과 이동이 가능한 '기회'를 제공하는 도시로 재창조될 때, 대한민국의 새로운 미래도 현실이 될 수 있습니다. 제가 나고 자란 서울, 서울의 내일을 위해 재설계를 시작합니다.

PART 3

기본특별시,
기회특별시 서울

01
지금, 여기,
서울

저는 서울 토박이입니다. 대학로와 가까운 서울 성북구 삼선교에서 태어났고, 중랑구 신내동, 망우동을 거쳐 지금은 은평구에 살고 있습니다. 서울이라고는 하지만, 그 시절 서울은 시골이나 다름없어서 논으로 밭으로 개천으로 천둥벌거숭이처럼 뛰어다녔습니다. 특별히 가난하지도 않았지만 그렇다고 부유했던 기억도 없습니다. 그 시절 부의 척도는 집에 피아노가 있는지 유치원을 다녔는지의 여부라던데, 피아노도 없었고 전 유치원 문턱도 밟아보지 못했습니다. 초등학교 저학년 때까진 숫자나 겨우 아는 개구쟁이였고, 전학 간 학교의 여자 짝꿍이 예뻐서 '나도 공부 잘하는 멋진 남자 어린이가 돼야겠다'는 호기 어린 동심이 공부를 하게 만들었습니다. 그 후로 대원외고를 거처 서울대를 갔으니, 대원외고가 있었던 광진구와 서울대가 있는 관악구에도 잠깐씩 적을 두고 살았던 셈입니다. 천방지축 뛰어놀던 어린 시절과 철들어 하얗게 밤을 새우며 공부하던 학창시절, 학생운동으로 청춘을 불살랐던 대학시절과 '거리의 변호사' 시절을 지나, '거지갑' 은평갑 국회의원이며 한 가정의 남편이자 아빠인 지금에 이르기까지, 저에게 서울은 한결같은 삶의 터전이었습니다. 사방이 논밭이었던 자리에 아파트가 올라가고, 자갈밭이었던 한강이 시민들의 문화 휴식 공간으로 거듭나고, 매일이 야간 등화관제 훈련이나 다름없었던 서울의 밤은 세계적인 야경의 도시가 됐습니다. 저는 그 모든 과정을 지켜봤습니다. 제가 철들고 나이 먹는 만큼 서울도 자라고 성장했습니다. 그 어떤 변호사, 그 어떤 정치인, 그 어떤 시민보다 저는 서울을 안방 삼아, 앞마당 삼아 살아왔다고 자부합니다. 힘없는 사람들, 가난한 이웃들과 함께 광장마다 주저앉아 보았고, 거리마다 누워봤습니다. 비가 내리면 비닐 한 장은 바닥에 깔고 다른 한 장으론 몸을 덮었습니다. 그리고 누워서 밤하늘을 바라봤습니다. 밤들은 유난히도 캄캄했지만, 빗속을 뚫고 어김없이 아침은 왔습니다. 저의 꿈은 서울이 모두의 아침이 되는 것입니다. 모두 꿈과 도전을 실현하고, 누구도 떠나고 싶지 않은 따스한 품처럼 서울의 미래를 설계해보고자 합니다. 그런 서울에서 저의 딸 솔이도 성장하길 바랍니다. 품격 있는 서울의 미래를 위해 주민의 이름으로 제 한 걸음을 보태고자 합니다.

서울. 한때 시민 천만의 도시, 위대한 '한강의 기적'을 만든 도시, 꿈과 기회의 상징이었던 도시인 서울. 그러나 대한민국 경제를 견인하며 꿈을 현실로 만들던 역동성은 사라지고 이제 서울은 시민들에게 설렘이 아닌 생존만을 강요하는 '버티는 도시'가 되어버렸습니다. 겉으로는 화려한 고층 빌딩이 숲을 이루고 있지만, 그 속을 들여다보면 시민들의 삶은 벼랑 끝으로 내몰리고 있습니다.

3040이 떠나가는 도시: 서울의 고령화

서울의 인구는 2025년 12월 기준 929만 9548명입니다. 2023년 938.6만 명, 2024년 933.2만 명. 2024년 한 해 동안 5만 4천 명이 서울을 빠져나갔고, 2025년엔 3만 3천 명이 서울을 떠났습니다. 국가 차원의 지역균형발전으로만 보자면, 서울에 집중된 인구가 타 지역으로 분산되고 있는 현상은 고무적이지만, 인구이동이 건강하게 이뤄지고 있는지는 들여다볼 필요가 있습니다. 서울은 대한민국의 심장으로 서울이 건강하지 않으면 대한민국은 성장 엔진을 잃게 됩니다.

서울의 인구감소 원인의 첫 번째는 저출생입니다. 도시별 합계 출산율을 보면, 2024년 기준 세종이 1.028명으로 가장 높고, 서울이 0.581명으로 가장 낮습니다. 해외로 눈을 돌려볼까요? 〈표 2〉는

도시(국가)	합계출산율
서울(한국)	0.58명
도쿄(일본)	1.34명
베를린(독일)	1.47명
뉴욕(미국)	1.76명
런던(영국)	1.83명
파리(프랑스)	1.88명
베이징(중국)	1.3명(추정)

〈표 2〉 세계 주요도시별 합계출산율
출처: KOSIS 세계 속의 한국, 2024년 합계출산율

2024년 기준 세계 주요도시별 합계출산율을 보여줍니다. 대한민국 수도 서울의 합계출산율이 세계 주요도시의 절반에도 미치지 못하고 있는 건 충격적인 현실입니다. 원인이 어디에 있을까요? 서울의 세대별 전출전입 현황을 찾아봤습니다. 〈표 3〉을 보면 10대 20대를 제외한 전 연령대에서 전입보단 전출이 많다는 것을 확인할 수 있습니다.

서울은 20대 전후의 청년들이 꿈을 찾아 잠시 유입하는 도시지만, 이들이 가정을 꾸리고 삶의 터전을 마련해야 할 30~40대가 되면 다시 서울을 떠나는 구조적 모순에 빠져 있습니다. 아예 '탈(脫)서울'을 하는 경우도 있지만, 일자리는 서울에 두고 서울 인근 다른 지역에서 거주하는 경우가 대다수입니다. 서울로 출퇴근을 할 뿐입니다. 왜일까요? 그렇습니다, 집값 때문입니다. 서울의 주택구입부담지수

연령 / 연도	2004	2008	2012	2016	2020	2024
서울	-15,028	-23,386	-47,482	7,405	46,108	30,099
0 - 4세	-4,373	-6,051	-6,990	-3,062	-925	-369
5 - 9세	-642	-1,104	-2,574	-1,630	-414	-13
10 - 14세	2,241	1,236	-1,226	-539	223	252
15 - 19세	2,616	2,179	1,299	4,763	5,794	6,906
20 - 24세	11,792	11,837	11,157	20,843	29,033	21,633
25 - 29세	-4,121	259	1,144	12,300	19,126	12,098
30 - 34세	-7,974	-8,769	-12,267	-2,670	3,219	364
35 - 39세	-1,058	-3,916	-7,849	-4,505	-807	-957
40 - 44세	-706	-864	-4,235	-3,099	-816	-814
45 - 49세	-2,598	-2,898	-3,749	-2,692	-1,071	-976
50 - 54세	-2,784	-3,779	-5,639	-2,892	-1,297	-1,603
55 - 59세	-2,588	-3,656	-5,388	-3,509	-1,743	-1,787
60세 이상	-4,833	-7,860	-11,165	-5,903	-4,214	-4,635

〈표 3〉 연령별 순이동 (2004~2024년, 단위: 명)
출처: 통계청 국내인구이동통계 2025년

는 2025년 3분기 기준 155.2로 경기도(77.9)의 2배에 달하고● 상당수 청년들은 월급의 절반을 집값으로 내며 살고 있습니다. 그렇게 힘겹게 지불한 주거의 조건이 좋은 것도 아닙니다. 서울 1인 가구의 평균 주거면적은 약 9평(29.7㎡)입니다. 평균이 이 정도이니 이보다 좁은 5~7평대(23.1㎡ 이하)도 많다는 이야기겠지요. 서울의 청년들은 쾌적한 주거요건을 갖추지 못한 전·월세 원룸, 지하, 옥탑방, 고시원을 전전하고 있다고 볼 수 있습니다. 책상, 간단한 조리기구, 행거, 빨래 건

● 연합뉴스, 한지훈 기자(2026.01.05.) — 서울 주담대 상환 부담 3분기 만에↑… 지역별 양극화 뚜렷

조대 하나를 펴고 나면, 간신히 두 발 뻗고 눕기도 협소한 공간입니다. 하지만 서울시의 주거정책은 여전히 과거 4인 가구 모델에 머물러 있습니다. 젊어서 고생은 사서도 한다지만, 고생을 넘어 이 정도면 고난, 비참한 현실입니다. 학업과 취업 때문에 이런 환경을 버티다가 취업에 성공해 안정적인 소득이 보장되고 가족을 이루게 될 즈음, 보다 나은 주거환경을 찾아 비로소 탈서울, 엑소더스를 실행하게 됩니다. 꿈은 서울에서 좇고 소득이 안정되면 다른 지역으로 짐을 싸서 떠난다는 점을 주목해봐야 합니다.

기회가 사라진 도시: 낡아버린 서울의 엔진

젊은 세대가 서울에서의 정착을 포기하고 주변으로 떠나면서 서울은 빠르게 고령화되고 있습니다. 사람만 고령화된 게 아닙니다. 서울 자체가 낡은 도시가 되고 있습니다. 「세계 도시 종합경쟁력지수(GPCI) 2025 보고서」에 따르면, 서울은 종합 순위 6위지만 거주 환경(Livability) 순위는 25위에 불과합니다. 2021년 기준으로 서울 건축물의 49.5%가 30년 이상 된 노후 건축물입니다. 도시의 혈관인 교통 인프라 역시 마찬가지입니다. 도로는 낡았고, 대중교통은 혼잡도가 높아 불편합니다. 지하철 9호선 급행열차의 혼잡도는 200%에 육박하여 시민들은 출퇴근길 '지옥철'에 시달립니다.

더욱 심각한 건 경제의 역동성이 사라지고 있다는 점입니다. 서울의 국가 경제 비중은 과거 30%에서 20%대로 추락했습니다.● 미래를 위한 투자 또한 참담한 수준입니다. 세계적 추세인 AI와 바이오산업에 대한 서울의 투자는 턱없이 부족하며, 오히려 관련 예산은 줄고 있습니다. 어제오늘 일이 아닌 강북 지역의 낙후는 나아지기는커녕 심화되고 있습니다. 지역균형발전의 핵심인 강북의 철도망은 수년째 멈춰 서 있고, 서울의 자부심인 문화 콘텐츠 산업의 토대는 답보 상태입니다. 청년들이 창의성을 발휘하고 새로운 도전을 시작할 '즐기고 도전할 무대'의 역할을 서울이 제공하지 못하고 있는 실정입니다.

약한 사람에게 가혹한 도시: AI 혁명과 기후위기

우리가 직면한 위기는 내부의 정체에만 머물지 않습니다. 앞서 제가 말했듯 세계는 지금 'AI 혁명'과 '기후위기'라는 거대한 두 파도에 직면해 있습니다. 이런 시기에 대한민국의 심장인 서울이 어떤 대응과 청사진을 가지고 있느냐는 곧 대한민국의 미래를 결정하는 일입니다.

먼저 나타난 새로운 위기는 AI 시대의 속도전입니다. 지금은 하루가 늦으면 한 세대가 뒤처지는 AI 시대입니다. 정부가 국가 AI 전략

● 2024년 지역 내 총생산(GRDP) 통계 (국가데이터처)

을 발표하며 GPU 인프라를 확충하고 데이터센터를 짓겠다고 선언했지만, 정작 천만 서울의 AI 지도는 보이지 않습니다. 소수의 대기업과 빅테크만이 자원과 기술을 독점하고 있는 상황에서, 시민과 중소기업이 소외되는 '디지털 양극화'가 심화되고 있습니다. 이 격차를 해소하지 못한다면, 서울은 AI 시대라는 새로운 기회의 열차에 올라타지 못한 채, 세계 주요 도시들과의 경쟁에서 낙오되고, 대한민국 다른 지역들 간의 경쟁에서도 우위를 차지하지 못하는 현실에 직면할 수 있습니다.

또 다른 위기는 기후 변화의 현실화입니다. 서울의 기후위기 속도는 세계 주요 도시와 비교해도 가파른 수준입니다. 한반도 평균 기온 상승률은 지구 평균보다 2배나 빠르며, 해마다 폭염과 침수라는 재난에 무방비로 노출됩니다. 기상청이 발표한 「2025년 연 기후 특성」에 따르면 2025년 연평균 기온은 13.7도로, 전국 관측망이 본격 확충된 1973년 이후 두 번째로 높은 수준을 기록했습니다. 특히 2025년 전국 폭염일수는 29.7일로 평년(11일)의 약 2.7배였고, 열대야 일수도 16.4일로 평년(6.6일)의 2.5배에 달했습니다. 서울의 열대야일은 46일로 역대 최장 기록을 썼습니다. 이런 변화는 폭염으로 인한 생존 위협과 냉방비 부담을 주어서, 저소득층과 고령층을 처절한 '기후 불평등'으로 내몰고 있습니다. IMF보고서는 이런 상황을 정확히 지적합니다. "기후 변화를 제한하고 적응하기 위한 조치가 없다면 그 영향은 가장 가난한 사람들에게 가장 큰 타격을 주며, 경제적 불평등을 심화시키고 사람들을 빈곤에 떨어지게 할 위험이 있다." 서울은 가장 약한 사람에게 가장 가혹한 도시가 되고 있습니다.

그러나 여전히 가능성의 도시: 재창조를 기다리는 서울

그럼에도 서울은 거대한 잠재력을 품고 있는 도시입니다. 서울은 35개의 대학, 360여 개의 역세권 지역 등 인적 물적 인프라가 풍부하고 2900여 개의 공원녹지와 30여 개의 산, 그리고 423km에 달하는 한강과 지천이라는 천혜의 자원을 보유하고 있습니다. 600여 년간 수도였기에 시내 곳곳에는 역사적 문화적 인프라도 많습니다. 또한 서울 연구 데이터 서비스에 따르면, 서울시민의 디지털 중급 역량은 2021년 기준 74.1%에 달합니다. 새로운 기술을 수용할 준비가 되어 있다는 것이겠지요.

서울은 이제 계획형 '변화와 쇄신의 도시'로 나아가야 할 때입니다. 낡고 오래된 도시가 아닌 변화를 통한 시민 친화적 도시로 거듭나야 합니다. 누구에게나 안전하고, 기회가 보장되는 특별한 도시. 그것이 대한민국의 수도, 미래의 서울특별시입니다.

꿈을 좇아 왔지만 정착할 수 없는 서울의 근본적인 체질 개선을 위한, 시민의 기본권이 보장되는 '기본특별시'를 제안합니다.

02

서울 미니멈: 기본특별시

1. 서울미니멈 — 주거

청년주거

서울로부터의 엑소더스를 막기 위해선, 꿈을 좇아 서울로 온 청년들이 가정을 이루고 노후까지 정착할 수 있도록 주거안전망이 구축돼야 합니다.

서울의 주거 패러다임을 근본적으로 바꾸기 위해 보증금 1000만 원, 월세 50만 원 수준의 생활권 청년주택을 연간 1만 호, 4년 내 총 4만 호 공급을 제안합니다. 방 한 칸을 저렴하게 제공하는 수준이 아니라, 직장과 주거를 연결하는 양질의 주거 환경을 보장하는 '청년 주거혁명'이 이뤄져야 합니다.

어떻게 가능할까요? 서울 시내 곳곳에는 낡은 주민센터와 청사 부지, 공영주차장, 우체국 등의 저이용 공공부지가 많습니다. 이를 개발해 주상복합단지와 같은 행정복합단지를 조성하는 겁니다. 1층에는 행정 서비스와 지역 주민을 위한 생활 SOC(social overhead capital, 사회 간접 자본)를 배치하고, 상층부는 청년과 신혼부부를 위한 대규모 양질의 투룸 주거지를 올리는 방식입니다. 이러한 방식은 구로구 오류1동 주민센터 사례를 통해 입증된 바 있습니다. 또 전통시장 부지와 노후 경로당을 활용해, 상인들과 어르신들에겐 현대화된 시설을 제공하고 상층부에 역시나 투룸 형태의 주거지를 올려 상생의 모델을 만들 수도 있습니다.

공공에서 제공하는 안전하고 쾌적한 주거 공간의 공급은 청년지원 사업이라는 단순한 이름이 아닙니다. 주거비 부담에서 벗어난 청년들은 남은 유휴비용을 다른 곳에 사용하여 서울 내수 진작에 기여하고, 꿈을 이루기 위한 기회에 도전하게 될 것입니다. 이는 곧 서울 전체의 경제 활력으로 이어지는 선순환 구조를 만듭니다. 젊은 청년들의 주거복지가 안정되면, 그들을 자녀로 둔 4050세대는 자녀 지원 부담이 줄어 자산안정은 물론 노후대비에도 기여할 수 있습니다.

이와 같은 청년주택 공급이 있을 때, 서울은 더 이상 청년들이 꿈을 좇다 외곽으로 떠밀려가는 도시가 아니라 청년들이 가정을 일구고 정착할 수 있는 도시로 거듭날 것입니다. 그렇게 '기본'이 먼저 갖춰질 때 미래를 설계할 '기회'로 나아갈 수 있습니다.

신혼부부를 위한 지분적립형 주택

천정부지로 뛰는 집값에 내 집 마련 꿈을 접고 전세 월세를 전전하다 탈서울하는 3040세대, 신혼부부를 위한 주거안정 대책의 일환으로 지분적립형 분양주택 방식을 고민합니다. 지분적립형 분양주택은 말 그대로 '지분을 적립해가는 방식'으로 집을 구매하는 겁니다. 입주 시점에 주택 가격의 약 20%만 지불하고 입주한 뒤, 향후 10년간 나머지 80%의 지분을 차곡차곡 사들이는 방식입니다. 처음에는 서울주택도시공사(SH)와 입주자가 약 8:2의 비율로 주택에 대한 지분을 나누어 가지고 입주자의 지분을 조금씩 늘려가는 구조입니다.

이 방식은 기존의 정책들과는 차이가 있습니다. 먼저 월세와는 다른 개념입니다. 월세는 매달 지불하는 집세가 사라지지만, 지분적립형 주택은 매달 지불하는 월세로 살고 있는 집에 대한 지분을 늘려가는 '저축'이자 '투자' 형태입니다. 처음엔 '빌려 쓰는 집'으로 시작하지만 매달 지분을 늘려가면서 내 집으로 만들어가는 과정입니다. 또 전세와도 비교해보자면 전세는 목돈 마련이 어려운 청년들에게 진입 장벽이 높고 전세사기 리스크가 크지만, 지분적립형 주택은 집값의 20%라는 적은 초기 자금으로 내 집 마련의 꿈을 시작할 수 있습니다. SH공사 입장에서도 전세 보증금을 부채로 떠안아야 하는 기존 방식에서 재무 구조를 개선할 수 있는 혁신적인 모델입니다.

제가 지분적립형 주택이라는 방식에 집중하는 이유는 더 이상 '집'이 부의 대물림이 아니라 자립의 토대가 된다는 점 때문입니다. 지분적립형 주택정책으로 청년과 신혼부부에게 더 이상 서울에서의 내 집 마련은 넘볼 수 없는 꿈이 아닌, 시한이 정해진 현실이 될 수 있습니다. 20%의 초기 자본과 10년의 저축을 더해 '서울의 자가'라는 꿈을 실현하고 서울은 인생의 베이스캠프가 될 것입니다. 서울은 '빌려 쓰는 도시'에서 '함께 소유하는 도시'로 나아갈 수 있습니다.

보증금 보안관 제도

전세사기로 평생 모은 자산을 한순간 잃고 삶을 포기하는 사례를 수없이 봤습니다. '안타깝지만 방법이 없다'는 식의 무책임한 행정이 되지 않기 위해서는 전세사기 보증금 보안관 제도가 필요합니다. 서울시가 직접 시민의 보증금을 지키는 '보증금 보안관'이 되는 것이죠. 청년과 신혼부부의 삶을 송두리째 앗아가는 '전세사기 대책'은 그 어떤 정책보다도 앞서 시행돼야 합니다.

어떻게 해야 서울시가 보증금 보안관이 될 수 있을까요? 모든 등록 임대주택에 대해 보증보험 가입을 100% 추진하여 최소한의 안전장치를 완성해야 합니다. 현재도 보증보험 가입은 의무사항입니다만, 처벌규정과 심사의 잣대도 지금보다 더 엄격하게 적용해야 합니다. 불미스러운 사고 이력이 있거나 위험 매물을 중개한 이력이 있는 중개사들을 철저히 관리해, 불량 매물이 시장에 발붙이지 못하도록 원천 차단해야 합니다.

여기에 AI를 접목한 '전세 계약 위험 신호 AI' 시스템을 도입해, 등기부등본, 건축물대장, 임대인 신용정보를 실시간으로 분석해 제공하도록 합니다. 사회초년생과 일반인이 일일이 검토하기 어려운 서류상 허점을 AI가 사전에 포착해 "이 집, 위험합니다"라는 사전 경고 시스템을 도입한다면, 전세사기 위험요소를 뿌리째 뽑아내는 데에 도움이 될 것입니다.

그리고 근본적으로는 전세사기와 관련해 사후약방문이 아닌, 예방부터 실제 구제까지 한 번에 해결하는 거점센터가 필요합니다. 전월세 종합지원센터를 대폭 확대하여 서류 확인 절차를 지원하고 법률 상담 예약까지 연결하는 원스톱 서비스를 도입해 더 이상 억울한 피해자나 인생을 송두리째 도둑맞는 일이 없도록 24시간 1년 365일 서울시가 보증금 보안관이 되어야 합니다.

부동산 정의를 실현하는 시민리츠

서울은 그 어떤 지역보다도 지역별 격차가 극심합니다. 이런 지역 격차는 서울의 발전을 저해하는 대표적인 요소입니다. 그 불평등의 핵심에는 부동산이 있습니다. 서울의 지역별 격차를 줄이고, 강남북 강동서가 균형 있게 발전할 수 있는 발판을 마련해야 합니다. 소수가 부를 독차지하는 구조가 개선되어야 하는 것이죠.

오늘날 서울의 집은 거주지가 아니라, 로또보다 더한 당첨된 복권이 됐습니다. 부동산시장의 왜곡으로 정직한 노력으로는 평생 집 한 채 가질 수 없는 서민들은 상대적 박탈감에 빠지고, 탈서울을 계획합니다. 서울로 출퇴근하는 도민이 늘고 있는 이유이기도 합니다.

이러한 부동산시장의 왜곡과 탈서울 현상은 부동산 개발의 구조적 모순 때문이기도 합니다. 부동산 시장 호황기에는 시행사와 건설사가 개발이익을 사유화해 막대한 부를 쌓지만, 불황으로 손실이 발생하면, 공적 자금을 투입해 시민에게 부담을 떠넘기는 '손실의 공유화'가 반복되고 있습니다. 시민들은 내가 사는 동네가 개발되어도 이익 분배에 있어 철저히 소외된 채, 치솟는 집값과 임대료라는 고통만을 감내해왔습니다. 이제 이 거대한 불공정의 고리를 끊어내는 것이 부동산 정책의 시작입니다.

그래서 저는 평범한 시민들이 자산형성의 기회를 가지면서 분배의 정의도 실현되는 서울시민리츠를 제안합니다. 시민리츠는 시민이 직접 서울의 부동산에 투자하고 개발이익을 배당받는 일종의 '부동산 펀드'입니다. 제가 설계하는 시민리츠의 승부수는 압도적인 수익구조에 있습니다. 좀더 자세히 살펴보겠습니다.

얼마 전 신축된 잠실 르엘 아파트는 전세 시세 9억 원대의 아파트를 서울시가 공공임대로 6억 원대에 공급했습니다. 가장 인기 있던 평형은 최고 경쟁률 120:1을 기록했습니다. 강남의 내로라하는 신축 아파트를 서울시는 어떻게 그렇게 저렴하게 공급할 수 있었을까요? 강남아파트 1채가 15억, 20억 하는 시대이니 어마어마한 재정이 투입될 것이라고 생각하는 사람도 있을 것입니다.

놀랍게도 이 아파트를 공급하는 데 서울시는 1호당 1억 5천만 원 정도만 지불했습니다. 왜냐하면 재건축을 승인하면서 용적률을 높여줬고 높아진 용적률의 절반은 일반분양하고, 나머지 절반은 서울시가 땅을 무상으로 받기로 조합과 약속했기 때문입니다. 서울시가 지급한 돈은 건축비의 일부인 1억 5천만 원 정도에 불과합니다.

제 아이디어는 여기서 살짝만 변화를 줘서 "만약 이 아파트를 서울시가 매입하지 않고 서울시민이 투자하는 부동산 펀드가 매입하도록 하면 어떨까?"라는 데서 출발합니다. 그렇게 되면 이 부동산 펀드는 '강남의 아파트를 1채당 1억 5천만 원에 사올 수 있는 펀드'가 되는 것입니다.

이제 여러분에게 다시 한번 질문을 던지겠습니다. "강남아파트를 1채당 1억 5천만 원에 살 수 있는 펀드가 있습니다. 이 펀드에 투자하시겠습니까?" 이 펀드는 아파트를 매입해서 전세로 5억 원을 받아도 돈이 남습니다. 매입하는 순간부터 배당할 수 있는 이익을 남기고 시작합니다. 서울에서 재개발, 재건축은 속도의 차이는 있어도 꾸준히 될 것이기에 계속해서 좋은 투자자산이 들어오고 현금 흐름은 선순환됩니다.

예를 들어, 대치동 은마아파트를 재건축하면 서울시가 위와 같은 방법으로 인수하는 임대아파트가 770호 정도 됩니다. 아파트 1채에 15억 원만 잡아도 1조 원이 넘는 아파트를 1천억 원 정도에 사와서 전세금만 5천억 원 이상 들어옵니다.

그러면, 이 남는 돈은 어디에 쓸 수 있을까요? 먼저 더 많은 주택을 공급하는 데 투자할 수 있을 것입니다. 잠재력은 풍부하지만 서울시가 재정이 부족해 개발에 나서지 못하거나, 민간에 땅을 팔아야 했던 거점 시유지에 투자할 수도 있겠죠. 데이터센터, UAM(Urban Air Mobility, 도심 항공 교통) 인프라 등 서울의 미래 경쟁력을 위해 필요한 시설에 투자할 수도 있습니다. 용산과 같은 대규모 개발사업에 시민리츠가 투자하면 그 이익이 시민에게 돌아가기 때문에 특혜 시비에서 자유롭고, 평범한 시민이 개발이익에서 소외되는 일도 없습니다. 개발로 인해 쫓겨나거나 생업을 접어야 하는 시민들에게는 시민리츠에 더 많이 투자할 수 있게 기회를 줄 수도 있습니다.

이렇게 간단한 것을 그동안은 왜 못 했을까요? 그것은 단순히 이 물건을 서울시가 인수해왔기 때문입니다. 발상을 조금만 바꿔서 서울시가 아닌 펀드가 인수하게 하고, 거기에 서울시민이 투자하게 하자는 것이 제 아이디어의 출발점입니다.

시민리츠는 공공이 제공하기 때문에 서울시민에게는 좀더 적정한 수준의 부동산을 제공할 수 있고, 발생한 이익은 주식 배당의 형태로 지역 주민과 시민들에게 직접 돌려줍니다. 운 좋게 당첨된 소수에게 수억 원의 시세차익을 몰아주는 방식은 정의롭지 않습니다. 시민리츠는 성실히 일하고 정직하게 투자한 시민 주주에게 서울의 성장에 따른 이익을 분배함으로써 부동산 양극화 해소에도 기여하게 될 것입니다.

민간과 공공의 투 트랙으로 안정적인 주거를

지금 서울의 주택시장은 화려한 청사진만 난무할 뿐, 실제 시민들이 입주할 수 있는 집은 사라지는 '공급의 절벽'에 직면해 있습니다. 지금의 서울시는 신통기획, 모아타운 등 민간 정비사업만이 정답인 양 외쳐왔지만, 그 결과는 참혹합니다. 신통기획의 실제 주택 공급은 거의 없다고 말할 수 있을 정도로 미비합니다. 또한 착공, 인허가, 입주 등 모든 핵심 지표에서 서울의 연평균 주택 공급 물량은 과거 6~7만 호 수준에서 최근 3~4만 호로 오히려 반 토막이 났습니다. 그마저도 2026년부터는 서울의 주택 공급 물량이 절반 이하로 떨어질 것이라는 데이터상의 경고도 나오고 있습니다. 이는 그간 서울시가 지난 5년간 입체적이고 창의적인 공공주택 공급을 폐기하고, 오로지 민간에만 '올인'한 결과에 따른 현실입니다.

앞서 말씀드린 여러 아이디어 이외에도 좀더 구체적인 많은 안들이 있습니다. 이름하여 콤팩트시티라고 부를 수 있는 모델입니다. 도처에 있는 장기 미집행 부지, 노후 영구임대단지 재건축, 철도 차량기지, 자동차 정류장, 유수지 등 저이용 공공부지를 입체적으로 복합 개발하는 방안입니다. 또 계획에만 그치는 '신통기획'이 아니라 실제로 사업성을 확보할 수 있도록 원주민의 주거 문제, 지원금 보조 등의 지원으로 착공까지 실제로 이어질 수 있는 '신통사업'을 진행해야 합니다. 주거에 대한 공공의 반응은 말에서 그치면 안 됩니다. 구체적인 대안과 계획을 갖고 진행해야 합니다.

2. 서울 미니멈 ― 돌봄

딸 솔이가 초등학교에 입학하면서, 우리 가족은 큰 변화를 맞이했습니다. 늦은 시간까지 돌봄이 가능했던 어린이집과는 달리 초등학교는 훨씬 더 이른 시간에 집으로 돌아왔습니다. 맞벌이인 저희 부부는 여간 고민스럽지 않았습니다. 원치 않아도 이 학원, 저 학원 다니는 소위 '학원 뺑뺑이'가 남의 얘기가 아니었습니다. 경제적인 부담도 부담이었지만, 학원 뺑뺑이를 돌아야 하는 딸 솔이가 행복할 수 있을까를 고민하게 됐습니다. 공공 초등돌봄 프로그램이 있다고 하지만, 접근성이 떨어졌고, 경쟁률이 높아 진입 장벽이 높았습니다.

방과후 돌봄의 난관을 경험한 뒤, '기본특별시 서울'의 두 번째 과제로 '돌봄'에 대해 생각하게 됐습니다. 돌봄을 시혜적인 복지가 아닌 시민이 당연히 누려야 할 권리로 재정의하고, 국가와 지자체가 끝까지 책임지는 촘촘한 '통합돌봄 안전망'을 구축해야 한다는 생각이 들었습니다.

돌봄은 경력단절을 감수하는 부모의 희생이 돼서도 안 되고, 연로하신 조부모에게 떠맡겨지는 과제가 돼서도 안 됩니다. 돌봄은 시민으로서 응당 누려야 할 가족 기본권입니다. 영유아부터 장애인, 노인에 이르기까지 전 생애에 걸친 돌봄이 가능한 도시, 서울이 주도해야 합니다.

초등돌봄

서울에서 실제로 아동돌봄이 필요한 수요에 비해, 공공이 제공하는 아동돌봄을 이용하는 비중은 약 50%로 턱없이 부족합니다. 상황이 이렇다 보니 가계경제에서 사교육비가 증가하고, 저소득층은 이러지도 저러지도 못한 채 아이들은 위험하게 집에 혼자 있는 시간이 길어지기도 합니다. 학원 뺑뺑이를 도는 아이들의 만족도와 행복도도 떨어지면서, 버티기 급급한 일상이 되풀이되고 있습니다.

그렇다면 어떻게 해야 할까요? 해답은 명확하고 간단합니다. 공공이, 지자체가 중심이 된 서울 전역에 걸친 거점형 돌봄 인프라를 구축하는 것입니다. 특히 초등돌봄 공백 제로(Zero)를 목표로, 모든 자치구에 '거점형 키움센터'를 두는 겁니다. 거점형 키움센터는 지역 내 돌봄 기관들을 총괄하고 조정하는 '허브' 역할을 수행하게 하고, 집 앞 5~10분 거리 내에는 동(洞)마다 학교돌봄터와 지역 키움센터 등을 배치하여 양질의 교육-돌봄 프로그램을 제공한다면 공공돌봄이 필요한 모든 가정에서는 언제든 아이를 믿고 맡길 수 있게 될 것입니다.

또 한편으론 별도의 시설이 아닌 학교가 공간을 제공하고 지자체가 운영하는 학교돌봄터 모델도 생각해볼 수 있습니다. 늘봄학교나 방과후학교와는 차별화된 모델로, 지자체의 전문 인력이 돌봄을 전담하여 교사의 업무 부담은 줄이고 돌봄의 질은 높이는 방식입니다. 그간 책임 및 업무 과중 문제로 학교돌봄이 활성화되지 못했는데, 지자체의 전문 인력을 활용하면 돌봄의 양과 질 확대도 가능합니다.

돌봄 역시 시대에 맞춰 지자체 중심으로 일원화되고 가구의 정보가 취합된 최첨단 AI와 결합하면 위기 아동들의 사각지대까지 책임질 수 있습니다. 부모가 바빠 특별돌봄이 필요한 경우, 가족이 갑자기 어려움에 빠진 경우 등을 모두 조기에 발견할 수 있게 됩니다. 시민들이 일일이 찾아보고 신청하지 않고 찾아가는 돌봄 서비스도 제공할 수 있습니다. 이를 통해, 부모들은 경력단절의 공포에서 벗어나 사회활동을 이어갈 수 있습니다.

서울시가 제공하는 돌봄 서비스는 지역에 상관없이 균등한, 양질의 돌봄이어야 합니다. 서울에서 자라는 아이들은 어디에 살든 최소한의 돌봄 아래 있어야 하죠. 돌봄 시스템이 부재해 발생하는 저출생과 인구 유출은 도시의 존립을 위협합니다. 적어도 양육의 부담 때문에 서울을 떠나는 일은 없도록, 서울시의 교육 경쟁력, 돌봄 차별화를 현실화해야 합니다. 아동돌봄 서비스는 서울시의 미래 핵심 투자사업이 될 것입니다.

통합돌봄

또 다른 돌봄에 대해서 이야기해 보겠습니다. 우리나라의 노인 인구 대비 요양병원 입원율은 극단적으로 높은 수준입니다. 어르신 당사자와 가족 모두에게 막대한 경제적·심리적 부담을 안겨주는 돌봄은 고령자만의 문제는 아닙니다. 장애인, 정신질환자 역시 지역사회 기반의 보호 체계가 부족해 시설 보호 중심의 체계에 갇혀 있는 실정입니다. 이런 돌봄의 부담을 개별 세대의 책임으로 맡겨두지 않고, 서울시가 맡아 꾸려가야 합니다.

지금까지의 서울 시정은 홍보 중심의 전시성 사업이나 일부에게만 지원되는 시범 사업에 그쳐왔습니다. 그마저도 공공돌봄의 보루였던 서울시 사회서비스원을 폐지하는 등 오히려 공공성을 후퇴시켰습니다. 이제는 단편적인 응급 처방을 넘어, 시민이 태어난 곳에서 자라고, 나이 들어 생을 마감할 때까지 지역사회 내에서 존엄하게 거주할 수 있도록 지원하는 '전 생애주기 통합돌봄'으로의 대전환이 필요합니다.

그러기 위해선 돌봄이 필요한 시민이 시설이 아닌 우리 동네 내 집에서 안심하고 생활할 수 있도록, 행정과 기술, 주거가 결합된 서울형 통합돌봄 체계를 구축해야 합니다.

이를 위해 우선 행정 시스템의 전면적인 변화가 필요합니다. 현재의 단순 민원 행정 위주인 동주민센터의 기능을 AI로 전환해 효율성을 높이고, 이로 인해 남는 인력과 공간은 시민의 삶을 직접 챙기는 '복지돌봄센터'로 재편하는 것입니다. 이 과정에서 서울시 사회서비스원을 다시금 되살려 서울형 돌봄 거점센터가 작동할 수 있게 하고 복지돌봄센터는 돌봄의 단일 창구로 원스톱 서비스를 제공하는 지역 돌봄의 전진기지로 삼을 것입니다. 이 시스템이 제대로 작동한다면, 세대별 수도·전기·가스 사용 패턴을 AI가 분석해 고독사나 긴급 돌봄 위기 징후에 대한 조기대응이 가능해집니다. 이로써 서울시의 복지는 사각지대 없는 안전한 복지로부터 시작될 수 있습니다.

통합돌봄엔 의료정책도 포함됩니다. 고령화의 의료정책은 필수입니다. 재택의료와 방문간호 시스템의 활성화로, 거동이 불편한 어르신과 환자에게 재택의료와 방문간호를 제공하고, 이들을 유기적으로 연결하는 간호간병통합병동에 대한 지원도 확장이 필요합니다. 현재 서북권에 공공이 운영하는 치매안심병원은 한 곳뿐입니다. 치매안심병원을 각 권역별로 확충하고, 가정에서 통원치료를 하는 어르신은 자녀의 도움 없이 병원에 가거나 필수적인 외출을 할 수 있도록 동행 지원 및 외출 지원 서비스를 상시화한다면, 지금보다 훨씬 촘촘한 돌봄 프로그램이 가능합니다.

더 가까운 의료시스템

의료서비스에 대한 이야기가 나온 김에 조금 더 이야기를 펼쳐보겠습니다. 의료는 돌봄의 핵심 기둥입니다. 소득에 따른 의료격차를 최소화하고, 고질적 사회문제로 떠오른 '응급실 뺑뺑이' 문제도 서울시에선 사라질 수 있는 방안을 마련해야 합니다.

서울시가 병·의원 인프라가 압도적으로 좋아서, 질적 양적 의료서비스로는 다른 지자체가 따라올 수 없는 수준이라고 하지만, 밤새 아이가 고열로 시달려본 경험이 있는 부모님들이라면, 쉽게 동의할 수 없을 겁니다. 소아과 '오픈런'은 어제오늘의 일이 아닙니다. 어린 자녀가 있는 분들이라면, 해 뜨기도 전에 소아과 오픈런이 통과의례처럼 일상이 되다시피 했습니다. 저 역시 어느 주말, 갑작스러운 솔이의 고열로 고생했던 적이 있습니다. 밤새 열이 들끓는 아이를 끌어안고 불안한 생각을 떨쳐버릴 수 없었습니다. 해가 뜨자마자 소아과로 달려갔지만, 이미 소아과 앞은 다른 부모님과 아픈 아이들로 가득 차 있었습니다. 병원 앱도 무용지물이었습니다. 이를 해결하는 건 어렵지 않습니다. 서울시의 소아과에 좀더 많은 지원을 해서 밤에도 응급실이 아닌 소아과를 찾을 수 있게 하는 것입니다.

또 가계가 직접 부담하는 아동의 의료비가 일정 금액을 초과할 경우 그 초과분을 서울시가 책임지고 지원하는 의료비 상한제를 도입하면 돈이 없어서 치료받지 못하는 일은 없는 서울이 될 수 있습니다. 누구도 질병 앞에 절망하지 않는 '의료안전망이 잘 구축된 기본특별시'가 필요합니다.

다른 지자체에 비해 사정만 덜할 뿐이지 응급실 뺑뺑이는 서울도 마찬가지입니다. 의료서비스 전달 체계를 돌봄의 관점에서 재설계하여 환자의 상태와 병원의 수용 가능 역량을 실시간으로 연결하는 컨트롤 타워를 구축하고, AI 기술을 활용한 '응급·야간진료 안내 보조 시스템'을 만들어서 심근경색이나 뇌졸중 등 심각한 응급환자들이 골든타임 안에 적절한 치료를 받을 수 있어야 합니다. 특히 응급실 수용 이후의 최종 치료를 책임지는 '배후진료' 역량 강화가 시급합니다. 응급 의료진이 배후진료 부재에 대한 걱정 없이 환자를 받아들일 수 있도록 관련 병원에 대한 재정 지원을 대폭 확대하고, 응급의료에 기여한 정도가 정당하게 인정·보상될 수 있도록 병원 평가 반영 및 이와 연계한 인센티브 체계를 마련하는 것, 이 모든 것이 모든 시민의 생명과 건강을 지키는 서울의 기본입니다.

3. 서울 미니멈 — 교통

　서울은 세계적인 도시경쟁력을 자랑합니다. 그 핵심에 2500만 명이 움직이는 메가시티의 촘촘한 대중교통 시스템이 있습니다. 하지만 시민들이 체감하는 서울시의 대중교통 이용 환경과 접근성은 세계적인 명성에 맞닿아 있지 못합니다. 현재 서울의 교통 정책은 '속도와 효율'에만 매몰되어, 정작 대중교통 소외지역 주민들이 겪는 '이동권의 불평등'은 외면하고 있습니다. 경제성 논리로 진행이 멈춘 강북횡단선과, 목동선, 서부선은 모두 강북에 몰려 있습니다. 시민의 발인 대중교통을 사업성으로만 따진다면 시가 존재할 이유가 없습니다. 교통 인프라가 조성돼야 도시가 발전하고 그래야 시민들이 잘 살 수 있습니다. 경제성 논리와 사업성만 따져 강남권에서 교통 인프라를 확충한다면, 교통의 빈익빈 부익부가 도시의 양극화를 초래할 수 있습니다. 서울 전역 시민들의 이동권을 보장하는 사업이 재개돼야 함은 물론입니다.

불쾌한 대중교통, 전시성 행정에 집착하는 시장의 무능

　서울시 교통 인프라는 세계적인 명성에 비해 질적 만족도는 현저히 떨어집니다. 시민들은 매일 지옥철이라 불리는 열차에 짐짝처럼 몸을 싣고 출퇴근을 합니다. 몸을 움직이기는커녕 때론 숨이 조여올 때도 있습니다.

이런 현실이 단순히 서울에 사람이 많고 밀집도가 높아 어쩔 수 없는 현상이라는 데 동의할 수 없습니다. 질적인 교통 인프라에 대한 고민 없이 보여주기식 사업이 시민들을 공포의 출퇴근길로 내몰았습니다. 서울 지하철 9호선이 대표적입니다.

현재 9호선 급행열차의 최대 혼잡도는 200%에 달하며, 이는 승객의 호흡곤란이나 실신 사고를 유발할 수 있는 수준입니다. 지하철 9호선의 혼잡도 논란은 어제오늘의 일이 아니어서, 이미 서울시도 승객의 안전을 위협할 수 있다는 인식을 하고 있습니다.

9호선의 혼잡도 문제는 어렵긴 해도 해결 불가능한 건 아닙니다. 본래 9호선 혼잡도 문제를 해결한다는 명목으로 추진한 한강버스 사업에 투자된 1500억이면 지하철 혼잡도 문제는 일정 부분 해결할 수 있습니다. 9호선 전체 53편성 중 가장 혼잡한 급행열차 25편성을 우선적으로 8량화하면 혼잡도를 현재의 180% 내외에서 140~150%까지 획기적으로 낮출 수 있습니다. 물론 이미 완성된 노선인 만큼 신호 시스템과 승강장 길이 문제가 남아 있고 일부 전문가들은 이걸 해결하기 위해서는 여러 조치가 필요해서 2032년 이후에나 가능하다고 하지만, 지옥철에 맡긴 시민의 안전을 10년이나 더 유예할 수는 없습니다. 일본에서 이미 활용하고 있는, 일부 칸에서만 문이 열리는 '도어컷(Door-cut)' 방식을 도입하면, 승강장 확장이 즉시 어려운 올림픽공원역이나 중앙보훈병원역에서도 8량 열차가 정차할 수 있습니다. 이런 조치를 마련해 철저한 안전시험운행을 거친 후 적용한다면, 보다 안전하고 쾌적한 시민들의 출퇴근길을 만들 수 있습니다. 충분한 자료조사와 해외 사례를 통해 방법을 찾을 수 있는데도 예산 타령만 하며 열차 2칸을 추가하는 데 10년이나 기다리라는 건 무책임한 탁상행정입니다.

시선을 돌려서 다른 곳을 들여다보겠습니다. 서울에는 수익성의 문제 때문에 마을버스를 배차하지 못하는, 고립된 대중교통 소외지역이 다수 있습니다. 서울시 내 법정동 467개 중 대중교통 서비스가 낙후된 지역은 107개(약 23%)에 달하며, 마을버스 업체들은 업체대로 심각한 부채와 운영난에 시달리고 있습니다. 마을버스만이 아니라 서울의 시내버스 준공영제의 재정 문제도 심각합니다. 2023년 기준 이미 약 1조 원에 달하는 거대한 부채를 갖고 있습니다. 낮은 요금 체계와 승객 감소로 인한 적자분을 시 지원금으로 충당하지 못해, 버스 업체들은 은행 대출로 운영비를 충당해 해마다 수백억 원씩 이자가 발생하는 악순환에 빠져 있습니다. 물론 시내버스 준공영제의 문제는 노선 이익률의 문제만은 아닙니다. 일부 사모펀드가 버스 회사를 인수해 적자 구조 속에서도 과도한 배당을 챙겨가는 '공공 재정의 사유화' 현상 때문이기도 합니다. 이런 문제를 해결하기 위해서는 노선의 효율성을 높이고, 근본적이고 구조적인 문제를 해결하기 위한 시 차원의 해결책을 찾는 게 시급합니다.

완전히 새로운 아이디어로 서울의 대중교통을 바꾸자

똑같은 문제가 되풀이되고 만성적인 적자와 부채가 해마다 늘고 있다면, 시스템에 문제는 없는지 살펴보고, 시대가 원하는 방향의 변화를 모색해야 합니다. 대중교통 이용객이 적어 수익에 문제가 발생한다면, 고정된 노선에 맞춰 시민들이 불편을 감수해가며 환승 횟수만 늘릴 게 아니라, 시민의 수요에 맞는 수요응답형 교통(DRT-Demand Responsive Transit)의 서울형 AI 버전인 ART(AI-Demand all Responsive Transit)를 도입해야 합니다. 마을버스가 진입하기 어려운 좁은 골목이나 구릉지, 교통 소외지역에 AI가 실시간으로 최적의 경로를 생성해 운행하는 맞춤형 대중교통입니다. 이미 세계 여러 도시들은 부분적으로 도입하고 있고 성공적인 사례를 발견할 수 있습니다. 이런 창의적인 아이디어를 활용하면, 서울시 어디서든 5분 안에 대중교통을 이용할 수 있는 시스템을 구축할 수 있습니다. 나머지 '라스트 마일(Last-Mile, 대중교통 이용의 양 끝단으로, 짧은 이동 구간을 뜻한다)'엔 따릉이와 마을버스 인프라를 공공에서 확장한다면, 교통비 부담은 줄고 시민의 이동권리는 확장할 수 있습니다.

여기에 제가 생각하는 대중교통카드는 기후동행카드를 한 단계 더 업그레이드한 서울 주민 패스(SAP, Seoul All Pass)입니다. 국토부에서 지원하는 K-pass의 서울형 버전인 이 카드는 단순히 정기권 기능에 머무는 기후동행카드를 넘어 카드 한 장으로 교통과 복지 혜택(초등 돌봄, 문화시설 이용 등)이 결합된 통합 AI 플랫폼으로 전환하는 것입니다. 여기저기 흩어져 있는 복지 정책을 개인이 일일이 신청할 필요 없이 하나의 플랫폼에서 이용하고 관리할 수 있습니다. 한 장의 SAP 카드가 교통카드 겸 서울형 복지카드도 되는 신개념 플랫폼입니다. 대중교통을 이용할 땐 AI 매니저가 시민의 상태에 따라 가장 저렴하고 빠른 경로를 추천하고, 다른 여러 혜택과 리워드를 지급한다면 시민들의 편의와 복지는 보다 확장될 수 있습니다. 시민을 위해 만든 교통 및 복지 혜택은 시민들의 상황 변화나 정책 변화에 따라 시민들이 애써 찾고 공부해야만 이용할 수 있는 어려운 정책이어서는 안 됩니다. 서울시민이라면 자동으로 누리는 서비스로서 시스템이 작동해야 합니다.

교통약자 소외 제로 서울

교통의 기본을 이야기하며 마지막으로 하고 싶은 이야기는 결국 '대중교통이란 모든 도시의 시민들이 사용할 수 있는 최소한의 권리' 라는 선언입니다. 갈 수 있을 때 가야 하고 필요할 때 이동할 수 있어야 합니다. 제가 서울시를 생각하며 '기본'을 외쳤던 이유는 어느 누구도 소외되지 않는 보편성이 모든 시민의 당연한 권리가 돼야 하기 때문입니다.

휠체어를 이용하는 장애인, 유아차를 끄는 젊은 부부가 누구의 도움 없이도 이동권을 보장받아야 합니다. 지하철역 입구에서 승강장까지 모든 서울시 지하철에 엘리베이터가 100% 설치돼야 하고, 저상

버스 100% 도입, 좁은 골목이나 경사로 때문에 저상버스 진입이 어려운 지역엔 집 앞까지 찾아가는 AI 기반의 소형 ART 차량의 배치, 누가 어디로 가든 턱이 없이 이동할 수 있는 권리가 차별 없이 제공돼야 합니다. '무장애(Barrier-Free) 서울'이 100% 실현되어야만 '기본특별시 서울'이라고 부를 수 있을 겁니다. 혈세 낭비를 막아 버스회사들의 부채를 갚고, 그 이익으로 약자의 이동권을 보장하는 것은 공공인 서울시가 해야 할 의무입니다.

4. 서울 미니멈 — 물가

오늘날 서울시민들에게 물가는 단순한 경제 지표가 아니라 불안한 '식탁 물가'가 되고 있습니다. 고물가, 고금리, 고환율의 삼중고에 시달리는 시민들의 실질소득은 제자리걸음인 반면, 식비, 통신비, 교통비, 의료비, 주거비 등 필수적인 생활비용은 지속적으로 상승하고 있습니다. 만 원짜리 한 장을 가지고 변변한 한 끼 식사를 하지 못하는 게 서울의 실정입니다. 버는 만큼 부자가 되는 도시가 아니라, 벌어도 벌어도 가난한 도시가 서울이라는 경제적 모순에 빠져 있습니다.

물론 물가지수를 단순히 서울시가 자체적으로 해결할 수는 없습니다. 물가에 영향을 미치는 요인은 매우 다양하고, 정부 정책과 맞닿아 있기 때문에 섣불리 손을 대기도, 설사 손을 댄다 해도 눈에 띄는 효과를 보기 어려운 분야이기도 합니다. 그래서 제가 고안한 방법은 서울시가 농민과 소비자, 유통단체 등과 함께 참여하는 공공출자법인을 만드는 것입니다. 공공 법인을 통해 가격 형성 과정과 유통 비용을 투명하게 공개하고 산지와의 직접 거래를 통해, 불필요한 중간단계를 줄여 시민이 부담할 비용을 줄이는 거죠. 작금의 구조는 생산자와 유통인, 소비자 누구에게도 지속가능한 이익을 주지 못하고 있습니다. 생산자는 제값을 받고, 서울시민은 더 신선한 식재료를 훨씬 저렴한 가격에 구매할 수 있는 구조를 만들어야 합니다. 가격의 안정성은 보조금이 아니라, 정보와 구조의 투명성에서 나옵니다.

오프라인의 구조를 바꾼 뒤에는 온라인 도매시장 플랫폼을 AI 기반으로 재구축해야 합니다. 생산자와 상인을 직접 연결하는 온라인 도매 플랫폼을 만들고 물량, 가격, 물류 정보를 AI를 통해 실시간으로 공개하는 겁니다. 시장의 정보가 입소문이 아니라 디지털 시스템을 통해 투명하게 공개되는 것입니다.

이러한 구조전환은 가락시장, 강서시장 등 공영도매시장의 공공성을 오히려 강화합니다. 여기에 더해 동네 상권도 함께 성장할 수 있도록 공동물류체계를 지원한다면 서울시민들은 최대 10% 절감된 식료품 가격으로 장을 볼 수 있을 것입니다.

이 구조적 변화가 시민의 일상에서 실제로 작동하는 접점이 바로 서울공공식료품점입니다. 서울공공식료품점은 서울시가 기준과 요건을 마련해 직접 지정하는 오프라인 공공식료 유통 거점입니다. 서울 AI 온라인도매시장에서 형성된 공공 기준 가격과 거래 질서를 생활권 단위의 소비로 연결하는 역할을 합니다. 시민은 산지에서 식탁까지 가격이 어떻게 만들어졌는지, 공공식료품점 앱을 통해 직접 확인하며 구매할 수 있습니다. 이것은 단순히 싸게 파는 공간을 늘리는 것이 아니라, 가격의 근거를 시민에게 공개하는 시장을 일상 속에 구현하는 것입니다.

공공출자법인과 AI 기반 온라인 도매시장, 그리고 서울시가 지정·관리하는 공공식료품점이 하나의 체계로 작동할 때, 서울시민은 물가 변동기에도 최소한의 식료 접근과 가격 안정을 보장받는 도시 차원의 구조적 안전망을 갖게 됩니다. 장바구니 물가가 안정될 때, 보통의 시민은 비로소 소비를 계획할 수 있고 삶의 여유를 회복할 수 있습니다.

다른 물가를 줄여, 월급은 진짜 필요한 곳에

현대에 와서 필수 지출 항목이 된 분야가 있습니다. 스마트폰과 인터넷 혹은 개인용 AI입니다. 데이터는 이제 공기와 같은 필수재이고, 통신비는 선택이 아니라 필수 비용이 됐습니다. 해당 지출이 차지하는 비중이 적지 않아서, 지금의 구조대로라면 디지털 접근성마저 소득에 따라 양극화됩니다. 누구에게나 공평한 데이터 복지가 제공돼야 합니다. 이를 위해선 서울 전역에 사각지대 없는 공공 WiFi 인프라를 구축하고 지하철, 버스정류장, 공원, 주거 밀집 지역 어디서든 통신비 걱정 없이 정보에 접근할 수 있어야 합니다. 오늘날 필수품이 된 AI를 다양하게 활용할 수 있는 AI바우처도 고려해야 합니다. 전 국민이 사용하면 대세가 되고, 이를 통해 곧 AI 강국, 세계적인 AI 도시로 서울은 자리매김하게 될 것입니다.

그 외에도 주거비, 교통비, 의료비는 선택적 지출이 아니라 기본 비용이어서, 이 세 가지가 가계지출의 상당 부분을 차지합니다. 이 모든 걸 개개인에게 맡겨두면 저소득층은 소외되고 뒤처지기 마련입니다. 주거비는 공공주택과 임대 지원을 통해 낮추고, 교통비는 통합 교통패스로 실질적 부담을 줄이며, 의료비는 치료상한제를 도입해 돈이 없어 병원에 가지 못하는 일은 없도록 해야 합니다. 이것이 서울시가 지향해야 할 '기본을 책임지는 도시'의 방향이며, 물가 안정의 가장 실질적인 해법입니다.

5. 서울 미니멈 ─ AI 기본사회

영화 〈아이언맨〉의 주인공 토니 스타크 곁에서 그의 모든 비즈니스와 일상을 보조하는 만능 AI 비서 '자비스(JARVIS)'를 아실 겁니다. 자비스는 그날 아침 날씨와 온도, 스케줄을 알려주고 토니에게 코디를 제안하는 등 간단한 기능부터 고난도 작업을 수행하는 AI 비서입니다. 과거에는 상상 속 이야기였던 자비스와 같은 AI가 우리 일상의 현실이 되고 있습니다. 우리는 이미 인터넷 보급과 스마트폰이라는 혁신적인 도구가 우리 삶을 얼마나 근본적으로 바꾸어 놓았는지 경험했습니다. 이제 AI는 과거 인터넷처럼 도시를 새롭게 구축해, 시정과 시민의 삶을 변화시키는 거대한 전환점이 될 것입니다.

거대한 변화의 물결 앞에서 우리 사회는 AI가 모든 시민에게 보편적인 기본권으로 주어지게 준비해야 합니다. 빠르게 발전하는 기술의 격차는 곧 기회의 격차와 경제적 불평등으로 이어질 수밖에 없습니다. 공공에서 선제적으로 인프라를 구축하고 교육을 제공한다면 기술이 시민을 소외시키지 않고 지킬 수 있습니다. 특히 지자체는 중앙정부가 깔아 놓을 'AI 고속도로' 위에 시민이 활용할 수 있는 실질적인 '골목길 솔루션'을 수행해야 합니다. 카페나 식당의 키오스크 앞에서 당황하는 시민이 없도록, AI 소외계층을 미리 방지할 수 있게 서울시는 찾아가는 서비스로 교육과 편리를 제공해야 합니다.

혼자서 모든 짐을 지는 '지안이'가 더 이상 없는 사회

드라마 〈나의 아저씨〉에는 이런 장면이 나옵니다. 돈이 없어 할머니를 요양원에서 모셔왔다는 지안(아이유)에게 박동훈(이선균)은 "손녀는 부양의무자가 아니야. 조건만 갖추면 지원을 받을 수 있어"라며 모든 책임을 혼자 떠안은 지안에게 "그런 거 가르쳐주는 어른도 없었냐"며 질책 아닌 질책을 합니다. 아르바이트만 두세 개씩 하며 할머니를 부양하는 '이 시대의 지안이'는 여전히 많습니다. 그런 어른이 없었냐는 대사는 지안이가 아닌 사회와 공공을 향한 질문처럼 들립니다.

만약 찾아가서 신청하는 복지가 아니라 복지가 필요한 개인을 국가와 지자체가 먼저 발견할 수 있다면, 극 중 지안이는 조금 더 살 만하지 않았을까요? 복지는 시혜가 아니라 권리입니다. 찾아가서 요청해야만 얻을 수 있다면 권리가 아니겠죠. 알지만 물리적으로 불가능했던 이걸 AI가 가능하게 합니다. 시의 행정 전반을 AI에 기반하여 개편하여 복지·돌봄 기본 OS를 구축한다면 찾아가는 건 공무원이 아니라 시스템이 될 것입니다. 각 부서에 흩어져 있는 공공 데이터인 수도, 전기, 가스 사용 패턴과 복지급여 신청 내역, 건강보험 이용 기록 등 방대한 데이터를 통합 분석하면 위기 가구를 조기에 발견할 수 있습니다. 이제 도움이 절실하지만 혜택을 받지 못하는 비극을 제로로 만들 수 있습니다. 실효성 없는 한강버스나 전시성 사업인 서울링 등에 쏟아붓는 돈을 투자한다면 충분히 가능한 일입니다.

사각지대의 위기 가구라고 하지만, 그들이 눈에 띄지 않는다고 보이지 않는 건 아닙니다. 예를 들어보겠습니다. 어떤 가정의 부양자가 갑자기 4대 보험료를 납부하지 않고 다른 한쪽으로는 건강보험료 지출과 가스 사용료가 늘어났습니다. 단순한 데이터 같지만 그 너머에는 부양자나 가장이 갑자기 다쳤거나 아파서 병원 이용이 늘고, 실직으로 인해 4대 보험비가 연체되고 있다는 사실을 유추해볼 수 있습니다. 공과금 지급 실태만 꼼꼼히 들여다보면, 위기의 사각지대를 찾아낼 수 있습니다. 건강보험료가 연체된 가정에 독촉장이나 압류장을 보내기에 앞서 해당 가정의 위기 여부를 먼저 판단할 수 있어야 합니다. AI 시스템을 통해 가능합니다. 최저생계 정도의 소득을 가진 가정에서 아이가 한 명 더 태어난다면 추가적인 지원이 필요하다는 것은 알아서 판단할 수 있는, 따뜻한 AI 위기관리 시스템을 구축해야 합니다. 이전에는 이런 상황은 당사자가 직접 주민센터 등에 신고를 해야만 알 수 있었지만, 이제는 상황 변화와 위험 징후를 실시간으로 파악하는 시스템을 구축할 수 있게 되었습니다.

복지만이 아닙니다. AI는 보통사람이 파악하기 어려운 부동산 데이터를 분석하여 위험 매물을 사전에 경고해 전세사기 피해를 미연에 방지할 수 있게 합니다. 또 업종별 산재 발생 추이와 과거의 이력을 추적하고 분석해서, 사업장 내 산업재해도 예방할 수 있습니다. 플랫폼 및 배달 노동자에게는 실시간 사고 다발 구간과 기상 악화 정보를 알리는 AI 프로그램을, 안전관리자를 두기 힘든 5인 미만 영세 사업장에는 사진 촬영만으로 위험 요인을 진단하는 AI 프로그램을 배치한다면 산재를 현저하게 줄일 수 있습니다. 이제는 데이터에 기반한 AI 안전망을 아주 두껍게 깔아서 시민을 보호할 수 있습니다.

　AI가 소수의 특권이 아닌 모든 시민의 보편적 시민권으로 작동하는 'AI 기본사회 서울'은 기본 중에 가장 기본이 되어 최소한의 방파제가 되어야 합니다. AI는 일부의 경쟁력을 높이는 도구에 머물러서는 안 됩니다. 기술은 모든 시민의 삶을 지탱하고 확장하는 공공 인프라로 자리 잡아야 합니다. 더 넓은 관점에서 본다면 시민의 삶을 AI로 지키는 '서울 모델'은 아시아를 넘어 전 세계가 주목하는 기준이 될 것이며, 이는 자연스럽게 글로벌 기업과 인재가 모여 서울을 새로운 기회로 도약하게 하는 결과로 이어질 것입니다.

6. 서울 미니멈 — 안전

마지막으로는 안전입니다.

도시의 경쟁력은 마천루나 초대형 LED 옥외전광판의 화려한 겉모습으로 완성되지 않습니다. 시민이 안심하고 하루를 시작하고, 아침에 문턱을 넘나들던 "다녀오겠다"는 말, "안녕히 다녀오라"는 가족의 약속이 지켜지는 도시라야 합니다. 지자체는 그 소박한 약속이 지켜지고 가족이 저녁 밥상에서 다시 만날 수 있는 도시의 파수꾼이 돼야 합니다.

서울은 세계도시경쟁력지수 상위권을 유지하고 있지만, 정작 시민이 체감하는 거주 환경에 대한 평가는 매우 낮습니다. 반복되는 싱크홀 사고, 사라지지 않는 지하·옥탑방·고시원 문제, 대형 재난에 대한 불안감이 거대 도시 서울 안에 공존하고 있습니다. 교통안전도 심각한 경고음을 내고 있습니다. 최근 몇 년간 지하철 끼임 사고가 반복적으로 발생하고 있고, 일명 지옥철에서의 혼잡으로 인한 실신 사고도 끊이지 않고 있습니다. 출퇴근길 지하철은 어떤 경우에도 생명을 위협하는 공간이 되어서는 안 됩니다. 이 같은 사고는 실패한 시정으로부터 나옵니다.

그동안 시정에서 안전은 우선순위에서 밀려나 있었습니다. 단기적인 성과와 겉치레에 시정을 동원하고 집중하는 바람에 서울시민으로서 당연히 보장받아야 할 안전이 뒷전이 된 것입니다. 신식 건물과 모형을 디자인하고 건설하는 데 천문학적 예산을 투입하느라 안전을 위협하는 노쇠한 시설 관리에 대한 점검은 밀려났습니다. 사고가 발생한 뒤에야 근본 해결책 없는 대책 논의가 이뤄지다 보니, 비슷한 사고가 장소만 바꿔 연거푸 발생했습니다. 사후약방문이 아니라 사전 처방이 필요한 시기입니다. 보다 근본적인 대안이 마련돼야 합니다.

'기본'을 지키는 서울이라야, 세계적인 명성에 걸맞은 특별한 도시가 될 수 있습니다. 서울시민들의 기본권이 보장되는 수도 서울은 그 어떤 사업이나 제도보다 우선이 되어야 합니다.

서울안전 세 가지 원칙

안전은 안전구호나 선언으로 확보되지 않습니다. 백 마디 말보다 한 번의 고민과 실천이 필요합니다. 첨단기술이 지배하는 사회에서, 데이터와 AI 기술로 24시간 안전한 도시 체계를 만들 수 있습니다. 사고 예방과 더불어 사고 발생 가능성 징후마저 찾아내는 적극적인 행정이 필요합니다. 따라서 저는 안전에 대한 여러 데이터들을 종합적으로 분석·관리하는 '서울 AI 도시안전연구원' 설립을 제안합니다. 도시의 안전은 과학적 데이터로 미리 예견하고 관리돼야 합니다. 특히 이와 같은 AI 도시안전연구원은 시장 직속으로 두고, 시장이 직접 서울시민의 안전을 관리해야 합니다.

연구원은 서울 전역에서 발생하는 위험 신호를 통합적으로 수집·분석하고, 사고 징후 단계에서부터 개입하는 역할을 수행할 수 있습니다. 생활안전, 자연재난뿐 아니라 최근 이슈가 되고 있는 사이버안전을 포함한 3대 영역, 9대 위험을 상시 관리하게 하는 것이죠. 서울의 안전 기준에 관한 한 사후 대응이 아니라 사전 예방으로 전면 전환해야 합니다. 그래서 저는 다음과 같은 원칙을 제안합니다.

첫째. 사는 곳과 다니는 길은 서울시가 책임지는 구조여야 합니다.

주거 안전은 도시 안전의 출발점입니다. 서울에 존재하는 모든 아파트에 대해 구조 안전 전수 점검이 이루어져야 합니다. 철근 누락 등의 부실 시공, 이에 대한 관리 부재에 대한 책임을 물어야 합니다. 이익 창출에만 관심 있는 건설사에 자율 점검을 맡기는 현행 방식은 지양돼야 합니다. 서울시가 직접 확인하고, 관리하여 안전사고 발생에 관련해서는 어떤 경우에도 관용의 원칙을 적용하지 않아야 합니다.

싱크홀 문제는 우연이 아닙니다. 관리 체계의 무책임한 실패입니다. 아직도 정확하게 모른다는 서울 지하지도를 파악하고 서울 전역의 지하시설물을 통합 관리하는 지능형 싱크홀 예측 시스템이 가동되어야 합니다. 지반 정보, 노후도, 공사 이력 데이터를 결합해 위험 가능성을 사전에 계산하고, 그 결과는 시민에게 투명하게 공개되어야 합니다.

둘째. 자연재난 대응은 취약한 곳부터 시작되어야 합니다.
기후위기의 피해는 가장 약한 곳에 먼저 닿기 때문입니다.

폭염은 이미 일상의 재난이 되어버렸습니다. 보행 약자에겐 더더욱 그렇습니다. 노약자의 경우 걸음이 느리기에 햇빛 노출 시간이 상대적으로 깁니다. 폭염에 야외에서 10분만 노출되어도 탈수증상 및 체온의 급격한 변화로 일사병 및 열사병으로 생명까지 위협받을 수 있습니다. 노약자뿐 아니라 배달업을 하는 택배기사와 건설 노동자 등을 위해 이동식 쉼터를 확대하고, 현실적인 수치의 냉난방비 지원도 수반되어야 합니다.

폭우와 침수 피해는 예측이 가능합니다. 3시간 전 예측과 자동 경보 시스템을 구축하여 반지하 가구와 재난 취약 지역에 위험 알림을 즉시 전달해야 합니다. 골든타임을 놓치는 행정은 더 이상 반복되어서는 안 됩니다.

한파와 폭설에 대비한 상시 체계도 필요합니다. 지난해 12월 4일 첫눈이 내린 서울을 기억하실 겁니다. 애초 첫눈, 습설이 5cm 이상 쌓이고 강추위가 몰려올 거라는 예보가 일찌감치 있었음에도 사전 제설작업이 이뤄지지 않아 사상 유례없는 교통대란과 수만 건의 교통사고가 발생했습니다. 몇 년 전부터 천문학적인 예산을 들여 서울 곳곳에 열선을 깔았지만, 정작 눈이 오자 열선은 제대로 작동하지 않았고, 경사길에서 차량이 오도 가도 못하는 혼란이 벌어졌습니다. 열선을 빌미로 사전 제설작업이 이뤄지지 않아 마을버스를 비롯한 시내버스 운행이 중단돼 시민들은 큰 불편을 겪었습니다. 특히 마을버스만이 유일한 교통수단인 교통 소외지역의 시민들은 더 큰 피해를 입어야 했습니다. 교통대란은 길이 얼어붙은 다음 날까지 이어졌습니다. 이런 무책임한 행정이 되풀이되지 않아야 합니다.

셋째. 디지털 공간에서도 시민의 재산과 존엄은 보호되어야 합니다.
사이버 범죄는 개인의 대응 능력을 넘어선 문제이기 때문에 서울시 사이버안전센터하에 이 모든 범죄가 관리되어야 합니다. 보이스피싱 피해가 발생할 경우, 은행·통신사와 즉시 연계해 자금을 동결하는 시스템이 작동할 수 있도록 프로토콜을 만들어야 합니다. 이 역시도 피해 발생 이후의 대응이 아니라 발생 이전에 예방할 수 있는 상시 원칙을 강화해야 합니다.

디지털 성범죄에 대한 대응은 보다 단호해야 합니다. 피해자가 혼자 싸우지 않도록 공공이 나서야 합니다. 피해물 삭제 지원은 즉각적이고 확실하게 이뤄질 수 있도록 지원하고 잠입 수사와 암행 단속을 통해 가해자를 끝까지 처벌해야 합니다.

또한 가짜 뉴스와 허위 정보로부터도 시민은 보호받아야 합니다. 언론·IT 전문가로 이뤄진 팩트체크 센터를 설립하여 표현의 자유를 훼손하지 않으면서도, 악의적 허위 정보에 신속히 대응하는 시스템을 통해서 시민의 존엄을 보호해야 합니다.

7. 쉽게 무너지지 않는 기본특별시 서울

기본이 보장된 서울은 조용하지만 단단한 도시가 될 것입니다. 새로운 위기 앞에서 쉽게 무너지지 않고, 불확실한 상황 속에서도 시민의 일상은 견고하게 유지될 것입니다. 눈에 띄는 성과보다 중요한 것은, 시민의 삶이 바닥으로 떨어지지 않도록 지키는 도시의 힘입니다.

서울이 기본을 책임진다는 것은 개인의 삶을 행운이나 배경에 맡기지 않겠다는 선언입니다. 주거 불안, 돌봄 공백, 의료 접근의 격차가 개인의 실패로 전가되지 않도록 도시가 최소한의 안전선을 분명히 그어야 합니다. 이는 비용이 아니라 사회적 손실을 줄이는 가장 합리적인 선택입니다.

기본특별시는 서울이 다음 단계로 나아가기 위한 토대입니다. 시민의 삶이 안정될수록 도전은 가능해지고, 기회는 현실이 됩니다. 기본을 단단히 세우는 일은 곧 서울의 미래를 준비하는 일입니다.

03

서울 맥시멈
:기회특별시

기본이 갖춰진 서울은 다음을 꿈꿀 수 있습니다. 삶의 기반이 안정될 때, 시민은 비로소 다음을 생각할 수 있게 됩니다. 오늘을 버티는 데 쓰이던 에너지는 내일을 준비하는 힘으로 전환되고, 생존의 문제가 차지하던 자리는 가능성을 묻는 질문으로 채워집니다. 기본은 그 자체로 목적이 아니라, 기회가 작동하기 위한 출발선입니다.

이 출발선 위에서 서울은 기회의 도시로 확장되어야 합니다. 시민이 어디에서 태어났는지, 어떤 가정에서 자랐는지가 아니라 무엇을 시도하고 어떤 역량을 지니고 있는지가 미래를 결정하는 도시여야 합니다. 교육과 일자리, 창업과 기술, 문화와 혁신의 기회가 고르게 열릴 때, 시민은 자신의 삶을 스스로 설계할 수 있습니다. 이것이 제가 생각하는 서울의 맥시멈, 기회특별시 서울입니다.

　서울은 급격한 변화를 마주하고 있습니다. 정치권에서는 행정수도 이전이 공론화되고 있습니다. 500년 조선시대에 이어 이후 한 세기 넘게 대한민국의 경제수도이자 행정수도로 자리매김했던 서울의 행정기능 이전이 논의되고 있습니다. 행정수도의 기능이 사라지는 서울은 어떻게 될 것인가? 많은 분들이 염려 속에 궁금해하시지만, 서울은 여전히 대한민국의 경제·문화의 중심이자 본령으로 세계적인 입지를 보다 공고히 다지게 될 것입니다.

1. 서울 맥시멈 — 멈추지 않는 '스타트업 서울'

서울은 앞서 살펴보았듯 이미 수많은 가능성이 밀집된 도시입니다. 전국에서 가장 많은 청년과 대학생이 모이고, 매년 새로운 인재들이 학업과 일자리를 찾아 유입되는 곳이 서울입니다. 이렇게 젊음의 밀도가 높아지고 있는 반면, 도전과 기회의 도시로서 역할을 제대로 수행하지 못하다 보니 유입됐던 청년은 10년 만에 탈서울의 행렬에 동참하면서, 또다시 3040의 밀도가 낮아지고 있습니다. 최근 연구에 따르면 혁신이 가능한 땅은 기술과 자본, 인재와 생활 인프라 등이 갖춰져 있어야만 합니다. 세심하게 들여다보면 서울은 이미 그런 조건을 상당 부분 갖추고 있습니다. 돈이 몰리고 청년 인구의 전입은 해마다 늘고, 상아탑 우수한 대학들이 밀집해 있으며, 도시 구석구석 교통 인프라도 잘 조성돼 있는, 그 자체만으론 가능성이 충만한 도시입니다. 하지만 잠재력만으로 성장하지는 않습니다. 잠재력이 성장의 기폭제가 될 수 있도록 멍석을 깔아주는 일을 시정이 해야 합니다.

앞서 강조해왔듯 현재의 서울은 하나의 시대가 끝나고 새로운 시대가 열리는 대전환의 시기입니다. 산업의 구조, 일하는 방식, 도시가 작동하는 원리까지 많은 것들이 이전과는 완전히 다른 방식으로 전환되고 있습니다. 문제는 과거의 성공 공식은 더 이상 작동하지 않는다는 것이죠. 최근 여러 도시 이론들이 입을 모아 하는 얘기가 있습니다. '새 시대의 새 도시는 더 이상 거대한 공장과 그들의 대기업 본사 중심으로 성장하지 않는다.' 대기업 중심의 성장은 '한강의 기적'이 가능했던 과거의 필승 전략이었을지 모르나 현재에는 새로운 모델이 필요합니다. 작은 단위의 기술과 아이디어, 데이터와 창의성이 승부하는 세상이 됐습니다. 개성이야말로 꺼지지 않는 도시의 엔진이며 경쟁력입니다. 새로운 시대의 도시는 '도전'에 맞춰 재설계해야 합니다.

스타트업은 단순한 창업 형태가 아니라 새로운 시대가 요구하는 창구입니다. 빠른 시도와 실패를 통해 학습하고, 기술과 사회적 요구를 연결하는 가장 유연한 조직 형태이기 때문입니다. 제가 그리는 서울의 미래 첫 그림은 '기회특별시 서울' 스타트업의 활성화입니다. 스타트업은 기회특별시 서울의 첫 단추이자 시대 전환의 핵심 전술입니다.

서울의 미래를 그리는 큰 그림 속에서 스타트업은 작지만 핵심 부품입니다. 전환의 시대에 주거, 교통, 돌봄, 환경, 안전과 같은 복합적인 도시 문제는 기존 방식만으로는 해결이 어렵습니다. 그 연결 지점마다 기존의 셈법과는 아예 다른 혁신의 주체가 필요합니다. 실패와 성공을 경험해본 시민이 직접 해법을 만들고, 그 해법이 더 큰 시장과 공공기관으로 확산되는 구조가 필요합니다. 스타트업으로 발생하는 다양한 아이디어가 거대한 전환의 시발점이 될 것입니다.

지금까지 서울시의 창업 지원이 사무 공간을 저렴한 비용으로 임대해주거나 형식적인 컨설팅을 제공하는 지원에 머물러 있었다면, 앞으로는 완전히 다른 지원이 필요합니다. 흔히 스타트업이 '죽음의 계곡(death valley)'이라고 부르는 초기를 넘어 유니콘 기업으로 성장하기 위해서는 초기 자본뿐만 아니라 성장 단계별 대규모 투자에 이어 이익 회수(Exit)가 가능한 선순환 생태계가 필요합니다. 도전하는 청년의 용기가 실패했을 때 좌절과 가난, 신용불량자로 귀결되는 게 아니라 재도전의 발판이 될 수 있도록 서울시가 안전망이 돼야 합니다.

스타트업 서울이 되기 위해서는

하지만 스타트업으로 도시 문제를 해결하고 혁신으로 연결하는 것은 말처럼 쉬운 일은 아닙니다. 서울시가 직접 스타트업의 파트너가 되어 자본과 기술, 회수의 기회를 제공해야 합니다.

스타트업 서울을 위한 첫 번째 제안은 '서울투자공사' 설립입니다. 공공이 직접 기업의 성장에 참여할 수 있도록 1조 원 규모의 거대 마중물을 만드는 것입니다. 가능성이 있는 기업이라면 규모에 상관없이 투자하고, 성장을 함께 만들어갈 수 있도록 공공이 지원하는 겁니다. 지원이라고 했지만, 서울시도 함께 투자하는 형식입니다. 스타트업의 성공 결과를 다시 서울의 미래산업에 재투자하는 공공 투자모델을 신설하는 것이지요.

다른 한편으로는 마곡 이노베이션 허브를 필두로 한 서울 전역에 24시간 혁신이 일어나는 스타트업 타운 100여 개를 조성하는 것입니다. 직(사업), 주(숙식), 락(휴식)을 동시에 해결할 수 있는 스타트업 타운을 서울 25개 구의 대학가, 연구소, 첨단 지식산업단지 등 곳곳에

만드는 거죠. 재정적 지원에 더해 스타트업이 성장할 수 있도록 불필요한 규제 장애물을 제거해주는 '규제샌드박스'를 적극 적용하여 밤낮없이 실험과 연구가 가능한 환경도 함께 조성해야 합니다. 서울에만 100여 개의 스타트업 타운을 만드는 것은 서울의 모든 곳에 스타트업을 위한 환경이 조성된다는 얘깁니다.

투자공사 설립 이외에도 스타트업 활성화를 위해 필요한 또 다른 요소는 '창업-성장-회수'가 자연스럽게 이어지는 생태계를 만드는 것입니다. 스타트업에 뛰어들지 않는 이유 중 하나는 '사업하면 망한다'는 생각입니다. 도전이 위험하지 않다는 믿음을 줘야 합니다. 새로운 기준으로 기업의 인력과 R&D 성과를 자산으로 인정하고, 기술과 인재, 연구개발의 가치를 제대로 평가해 회수 가능한 시장으로 함께 키워가야 합니다. 실패의 두려움을 서울시가 나눠 갖고, 성공의 열매를 함께 나누는, 재도전과 재투자가 가능한 시스템을 만들어야 합니다. 그러기 위해서는 창업과 성과에 대한 회수가 보장된 생태계를 만들어, 투자금이 새로운 창업으로 흐르는 선순환 구조를 완성해야 합니다. 이런 생태계로 흔히 유니콘이라고 부르는 스타트업 성공 신화가 활성화되는 서울을 만들어야 합니다.

스타트업 서울이 만드는 '혐오 없는 서울'

스타트업 서울을 구상하며 제가 꿈꾼 또 하나의 생각은 '혐오 없는 서울'입니다. 현재 대한민국은 극단적으로 갈라져 있습니다. 세대가 갈라졌고, 성별로 갈라졌고, 빈부가 갈라졌고, 학벌로 갈라졌고, 이데올로기로 갈라졌습니다. 누구나 다른 생각과 의견을 가질 수 있지만 이것이 혐오 문화로까지 확장되면서 도전과 성장을 가로막는 장애물이 되고 있습니다. 저는 이 현상이 '생존의 불안'에서 온다고 생각합니다. 계층의 사다리가 망가지고, 노력으로는 극복해낼 수 없어 보이는 좌절이 한국 사회 안에, 특히 청년들에게 자리 잡고 있습니다. 상대가 나의 성공을 가로막고 있다는 미움과 혐오는 더 깊이 들여다보면 노력해도 되지 않는 절망에서 기인합니다.

대안 없이 "실패해도 괜찮다"고 말만 되풀이하는 정치인들은 무책임합니다. 정치와 시정은 실패해도 괜찮다고 말만 하기보다는 실패해도 괜찮은 사회를 만들어야 합니다. 마음껏 도전해도 괜찮은 두툼한 안전망을 깔아놓고 그 위에서 즐겁게 뛰어놀면서 노력한 만큼 보상을 받을 수 있는 사회를 그려야 합니다. 이것이 제가 스타트업에 대한 과감한 투자를 역설하는 이유입니다. 혁신을 더 이상 강단 있는 개인의 용기에만 기대서는 안 됩니다. 청년의 도전에는 언제나 서울시가 안전망이 되어야 합니다. 외줄타기의 아래엔 콘크리트 바닥이 아니라 빈틈없는 그물망이 있어야 합니다. 또한 도전 성공을 통해 서울투자공사로 회수된 이익은 다시 서울의 복지와 안전을 지키는 강력한 재원이 되어, '서울 미니멈'을 더욱 단단하게 지탱하는 경제적 기둥이 될 것입니다.

2. 서울 맥시멈 — 서울 '한강AI'

앞서 말한 AI가 서울의 기본, 시민의 기본을 지키는 AI 시스템에 대한 이야기라면 제가 지금부터 말하는 것은 서울의 새로운 동력이 될 AI 산업에 관한 것입니다. 사실 AI는 안전망을 만드는 기술이기 전에, 혁신과 성장을 확장하는 기술입니다. 누군가는 AI를 격차를 줄이는 도구라고 말하지만, 동시에 AI는 모든 격차를 뛰어넘는 사다리이기도 합니다. 문제는 누가 먼저 그 기술을 접해서, 어디에 쓰냐는 겁니다. 지금 서울시에 필요한 것은 기회를 최대치로 끌어올리는 AI 전략입니다.

서울은 지금 이 기회를 놓치지 말아야 합니다. 넓은 인터넷망과 여기에 기반한 인프라 보급, 국민들의 기술에 대한 이해 수준, 세계적인 경쟁력, 그리고 AI가 학습할 수 있는 엄청난 데이터를 갖춘 서울은 대한민국을 넘어 세계의 AI 수도로 거듭나야 합니다. AI를 '맛집은 어디야', '내 과제를 도와줘' 수준의 검색 장치가 아니라, 미래를 설계하는 도전과 성장의 촉매제로 활용해야 합니다. 지금 하지 않으면 도태됩니다.

저는 이것을 한강AI라고 명명합니다. 한강은 단순한 강이 아니라, 서울의 시간과 가능성이 축적된 공간입니다. 지금은 '한강의 기적'이 '한강AI'로 부활할 적기입니다. 과거 한강의 기적을 계승하되, 전혀 다른 방식의 기적을 만들 것입니다. 과거의 서울이 물적 자본과 노동의 집약체였다면, 이제는 데이터와 알고리즘, 창의성과 공공성이 결합된 요새입니다. 속도보다 방향이 중요하고, 양보다 질이 중요한 시대에 걸맞은 새로운 시대의 기적을 설계해야 합니다. 한강과 서울이 그 서사의 새 이름이 될 것입니다.

서울의 한강AI는 '누구를 보호할 것인가'에서 출발하기보다 '얼마나 많은 사람이 도전할 수 있게 할 것인가'라는 질문에서 출발합니다. 한 사람 한 사람이 가진 가능성과 기회를 확장해 한강AI를 만들고, 세계로 이어지는 한강AI로 구축해야 합니다. 이것이 제가 서울 맥시멈의 두 번째 축으로 AI를 꼽는 이유입니다.

한강AI의 3개의 섹터

뉴욕 엠파이어AI에 대해서 들어보셨나요? 뉴욕주가 2024년 공식 출범시킨 주 정부 주도의 AI 슈퍼컴퓨팅·연구 인프라 프로젝트입니다. 뉴욕 주립대와 시립대, 컬럼비아대, 코넬대 등 주요 대학과 연구기관이 참여해 초대형 AI 슈퍼컴퓨팅 센터를 구축했고, 이를 통해 의료·복지·안전·교통 행정을 AI 기반으로 전환하며 뉴욕을 미국 AI 수도로 만들겠다는 분명한 목표를 세웠습니다.

서울 한강AI는 이 엠파이어AI를 모델로 합니다. 오히려 엠파이어AI보다 높은 수준의 AI 생태계를 구축할 수 있다고 자부합니다. 서울의 강력한 인프라인 대학과 연구기관, 기업이 참여하는 컨소시엄을 구성하고, 이를 기반으로 초대형 AI 슈퍼컴퓨팅 센터를 구축한다면 충분히 가능합니다.

서울은 아시아 AI 허브이자 글로벌 AI 협력 허브가 될 수 있는 무한한 가능성을 가지고 있습니다. 이를 위해 중앙정부의 AI 액션 플랜과 서울시 전략은 항상 함께 가야 합니다. 중앙정부가 GPU 확보와 분산형 데이터센터 구축, 국산 NPU• 생태계 조성 같은 '국가 규모의 공급망'을 담당한다면, 서울시는 그것을 실제 혁신으로 전환하는 '도시 운영 모델'을 만들어야 합니다. 즉, 국가가 확보한 연산 자원을 서울에서 연구·교육·창업·산업 현장으로 흐르게 하는 구조를 설계하는 것이죠.

한강AI는 공공에서만 사용하지 않고 공공·공익·민간 세 개의 섹터 모두에서 활용할 수 있게 운영해야 합니다. "AI의 속도는 아이디어가 아니라 연산에서 결정된다"는 말이 있습니다. AI 도약을 이루기 위해 가장 먼저 해결해야 할 문제는 '기술'이 아니라 접근성이라는 의미입니다. 지금 AI 경쟁의 출발선은 알고리즘이 아니라 GPU, 데이터센터, 전력과 냉각 같은 인프라에 의해 정해지고 있습니다. 컴퓨팅 자원이 특정 대기업과 자본에 집중된 구조에서는, 대학 연구자와 학생, 스타트업, 지역 중소기업이 같은 출발선에서 출발할 수 없습니다.

공공은 이 불균형을 뒤집을 순 없어도 디딤돌은 놓아줄 수 있습니다. 한강AI를 통해 컴퓨트 시스템(compute system)을 공공 인프라로 만들고, 누구나 AI에 도전할 수 있도록 지원해야 합니다. 이것이 제가 그리는 한강AI의 출발점입니다.

• NPU(Neural Processing Unit): 신경망처리장치, 인간의 뇌와 유사한 방식으로 작동하는 동시다발적인 대규모 행렬연산에 최적화된 전용 반도체.

각 영역을 하나씩 살펴보겠습니다. 한강AI가 사용될 첫 번째 섹터는 공공입니다. 앞서 설명한 기본특별시의 AI입니다. 서울 행정은 AI 기반으로 완전히 새로운 운영 체계로 전환돼야 합니다. 대중교통인 버스, 지하철, 마을버스, 따릉이의 데이터를 AI가 통합해 관리하면, 교통혼잡 정도를 예측하고, 노선과 배차를 과학적으로 조정할 수 있게 됩니다. 데이터 패턴을 이용해 DRT를 적극 활용하면 교통 소외지역을 줄일 수 있습니다. 복지 분야에서는 수도·가스 등 생활 데이터 패턴을 분석해 위기 가구를 더 빠르고 정확하게 찾아내고 기후·재난·주거·도시계획 역시 버티컬 AI로 관리하는 겁니다.

AI의 현실성을 높이기 위해, 현재 서울시의 '시민참여예산'을 적극 활용하는 것도 방법입니다. '시민참여예산'이란 시민들이 예산 편성에 직접 참여해서, 시민 주도의 사업을 추진할 수 있게 배정된 예산입니다. AI를 통해서 수집된 시민의 의견 데이터를 모으면 진짜 서울시민이 원하는 부분이 어디인지 좀더 명확히 알 수 있습니다. 이 요구를 연 5천억 원 규모의 시민참여형 예산으로 편성하고 생활 속 고충과 민원을 예산 편성에 반영한다면, 시민이 피부로 느낄 수 있는 시정이 될 수 있습니다.

두 번째는 공익 섹터입니다. 교육 분야에서 AI의 중요성은 이미 분명해지고 있습니다. 초등·중등 교육 단계에서는 AI를 이해하고 활용하는 기초 역량이 필수적인 소양이 되고 있으며, 고등교육 단계에서는 전공과 결합된 심화 활용 능력이 요구되고 있습니다. 이러한 변화에 대응하기 위해서는 단순한 교육과정 개편을 넘어, 실제로 AI를 학습하고 실습할 수 있는 인프라가 필요합니다. 이것 역시 한강AI가 책임지게 될 것입니다.

AI 교육은 청년과 학생에게만 필요한 것이 아닙니다. AI가 전면화되는 사회에서는 중·장년층과 노년층 역시 변화에 적응할 수 있는 학습 기회를 얻어야 합니다. 디지털 기술의 변화가 세대 간 단절로 이어지지 않도록, 누구나 이해하고 활용할 수 있는 AI 교육 환경을 마련해야 합니다.

이러한 공익적 AI 활용과 교육, 연구를 뒷받침하는 핵심 인프라가 바로 서울 '한강AI'입니다. 한강AI는 시민과 교육기관, 연구자들이 AI를 학습하고 실험하며 사회문제를 해결할 수 있도록 공공 컴퓨팅 자원을 제공하는 플랫폼으로 운영됩니다. 대학과 연구기관은 물론, 사회적 기업과 비영리 조직, 공익 연구팀이 필요로 하는 AI 연산 자원을 안정적으로 이용할 수 있도록 서울이 직접 책임지는 구조입니다.

특히 기초과학 연구나 사회문제 해결을 위한 연구는 막대한 AI 연산 자원이 필요함에도 불구하고, 시장 논리만으로는 충분히 지원되기 어렵습니다. 한강AI는 이러한 영역을 우선적으로 지원함으로써, 수익성이 아닌 공익성을 기준으로 AI 자원이 배분되는 새로운 기준을 만들어야 합니다. 이는 AI 기술을 소수의 전유물이 아니라, 도시 전체의 자산으로 전환하는 방식입니다.

공익을 위한 AI 시스템이 제대로 작동할 때, 서울은 기술 격차가 아닌 기회의 확산을 이끌 수 있습니다. 한강AI는 단순한 기술 시설이 아니라, AI 기회특별시의 공공 기반으로서 시민의 학습, 연구, 도전을 뒷받침하는 핵심 역할을 하게 될 것입니다.

마지막 섹터는 민간입니다. 스타트업 기업이나 중소기업은 아이디어가 있어도 AI 컴퓨트(AI compute) 자원이 없거나 부족하여 자신들의 아이디어를 상용화할 수 없습니다. 해당 기업들을 한강AI에 참여하게 함으로써 이런 문제들을 해결하게 하는 겁니다. 그리고 그 연계로 서울 컴퓨트 컨소시엄을 구축하는 것입니다. 서울시가 주도해서 주요 대학과 기업이 함께 참여하는 상설 협력 체계를 구축하는 것이죠. 대학은 연구·인재·데이터 활용 역량을 제공하고, 기업은 운영과 기술 상용화 경험을 제공하며, 서울시는 공공 인프라를 책임지는 겁니다. 이런 컨소시엄을 통해서 민·관·학이 연결된다면 그 시너지는 엄청날 것입니다. 제가 앞서 말한 스타트업도 학교와 청년들이 개별적으로 살아남는 게 아니라 공공의 지원 아래 기업의 노하우와 전략을 받아 마음껏 성장할 수 있게 될 것입니다.

민간은 스타트업만이 아니죠. 중소기업, 골목상권에서도 AI가 변화를 불러일으킬 수 있습니다. 업종별 '즉시 적용' AI 패키지를 구축해서 AI를 도입하는 겁니다. 복잡한 개발이 아니라, 오늘 설치하면 내일부터 효과가 나타나는 AI가 있다면 골목상권에는 획기적인 변화가 나타날 수 있습니다. 음식점에는 재고와 발주를 자동으로 예측해 낭비를 줄이는 AI, 잘 팔릴 메뉴를 제안하는 AI, 리뷰에 자동으로 응답해주는 AI가 필요합니다. 카페에는 단골 취향을 분석해 신메뉴 아이디어를 주고, 원두와 우유의 유통기한을 관리해주는 AI가 필요합니다. 미용실에는 예약과 고객 이력을 자동으로 관리해, 사장님이 시술에만 집중할 수 있게 하는 AI가 필요합니다. AI는 화려할 필요가 없습니다. 바로 쓰이고 바로 돈이 되는 것이 중요합니다. 또 다른 예시로는 중소기업의 마케팅 지원 홍보 문구 작성, 이미지 제작, 리뷰 관리까지 AI가 도와주면, 마케팅 비용 구조는 근본적으로 달라집니다. 월 수십만 원, 수백만 원이 들던 마케팅 비용을 대폭 줄이고도 더 효과적인 홍보가 가능해져야 합니다. AI는 비용을 늘리는 도구가 아니라, 지출을 줄이고 매출을 키우는 도구가 될 수 있습니다. 중소기업 1만 곳에 AI를 도입하고, 생산성을 획기적으로 끌어올리는 것이죠. 비용 부담 때문에, 기술 장벽 때문에 AI를 포기해왔던 사업자들이 "써보니 장사가 달라졌다"고 말하게 될 것입니다.

이렇게 써보면 좋을 한강AI를 "어디부터 사용해야 할지 모르겠다"고 말하는 여러 사장님들이 계실 겁니다. 그 경우에는 서울 AI재단을 통해 전문가가 직접 찾아가 함께 설계해줄 수 있게 하면 됩니다. 현장의 업무 프로세스를 분석하고, 실제로 효과가 나는 영역부터 AI를 도입하는 컨설팅을 해주는 것이죠. 개발된 AI를 특정 기업에만 머무르게 하지 않고, 오픈소스로 공개해 다른 기업도 활용할 수 있게 한다면, 더욱 활성화될 수 있습니다. AI가 대기업의 언어가 아니라 사장님의 언어가 될 때, 서울은 비로소 기회특별시로 도약할 수 있습니다.

모든 시민을 잇는 약속

서울이 '한강AI'를 구축해가는 과정은 단순히 하나의 기술 인프라를 만드는 일이 아닙니다. 이는 AI가 시민 누구나 접근하고 활용할 수 있는 공공 자산이 되도록 만드는 과정입니다. 이를 위해서는 기술 그 자체보다, 시민이 AI에 접근하고 익숙해질 수 있는 단계적 구조를 함께 설계해야 합니다.

우선 서울은 대학과 기업, 시민을 연결하는 AI 시민교육 체계를 구축할 필요가 있습니다. 먼저 서울에 있는 대학과 기업을 연계하는 교육프로그램을 제공하는 거죠. 대학은 학생이, 기업은 AI 인재가, 시민에게는 AI에 대한 교육이 필요합니다. 이 세 주체를 연계하면 이론과 실습, 현장 경험이 결합된 깊이 있고 실용적인 AI 교육이 가능해집니다. 대학은 교육 역량을 사회로 확장하고, 기업은 현장 중심의 문제를 제시하며, 시민은 실제로 활용 가능한 AI 역량을 갖추게 되는 구조입니다.

그런데 사실 AI를 어떻게 설계하고, 어디에 사용하며, 어떤 한계를 설정할 것인지는 결국 인간의 판단에 달려 있습니다. 인문학적 사고와 감수성은 AI 시대의 핵심 자질입니다. 얼마 전 서울시교육청이 발표한 '독서중점학교'와 '인문학실천학교'는 이러한 위기의식에서 나옵니다. 서울시는 인문학교육을 적극 지원하여 학생들은 AI 기술을 비판적으로 이해하고 사회적 맥락 속에서 활용하는 능력을 기를 수 있게 해야 합니다. 이는 AI 시대에 필요한 시민 역량을 장기적으로 축적하는 과정입니다.

마지막으로 AI가 실제 생활 속에서 활용되기 위해서는 비용과 접근성의 장벽을 낮춰야 합니다. 시민들이 다양한 AI 서비스를 저렴하게 이용할 수 있도록 AI 바우처 제도를 도입하여 개인의 소득이나 직업에 관계 없이, 학습, 업무, 창작, 일상 관리 등 다양한 영역에서 AI를 실질적으로 활용할 수 있는 환경을 조성해야 합니다.

이와 같은 단계적 접근을 통해 서울은 AI 기술을 단순히 보유하는 도시가 아니라, 시민의 삶 속에서 작동하는 기술로 정착시키게 됩니다. 한강AI와 시민교육, 인문학 기반, AI 바우처가 함께 작동할 때, AI는 특권이 아니라 도시 전체의 역량으로 확장될 수 있습니다.

세계 AI의 중심, 서울 AI 얼라이언스

결국 이러한 기회의 확장은 서울 AI 얼라이언스(Seoul AI Alliance), 글로벌 AI 네트워크로 서울을 세계의 중심으로 두게 될 것입니다.

서울의 AI 도약은 도시 내부의 혁신에서 멈춰서는 안 됩니다. 진정한 기회는 서로서로 연결될 때 확장의 길이 열립니다. 기술이 무선으로 국경을 넘는 시대에 도시는 더 이상 국가 정책에 의한 수동적 수혜자로 남아서는 안 됩니다. 도시가 글로벌 협력의 주체가 되어야 합니다. 서울은 AI를 통해 세계 도시들과 협력하고, 문제를 함께 해결하며, 표준을 함께 만들어가는 도시가 되어야 합니다. 이것이 '서울 AI 얼라이언스'의 방향입니다.

이 전략의 목표는 분명합니다. 서울을 글로벌 AI 기본사회의 허브,

아시아가 주목하고 세계가 찾는 AI 도시로 만드는 것입니다. 중앙정부가 국가 간 협력과 국제 외교를 담당한다면, 서울시는 도시 간 협력을 이끄는 전면에 서야 합니다. 전 세계 어디서도 서울의 이름이 AI 선두 도시로 기억되어야 합니다.

이를 위해 서울이 주도해온 세계스마트시티기구(WeGO)는 AI 협력을 중심으로 한 WeGO AI로 확장되어야 합니다. 기존의 스마트시티 경험과 도시 행정 협력 네트워크를 토대로, AI 정책과 기술, 거버넌스를 공유하는 글로벌 플랫폼으로 진화해야 합니다. 동시에 캘컴퓨트(CalCompute)와 같은 글로벌 AI 연구, 컴퓨팅 네트워크와의 교차 연구와 인재 교류를 적극적으로 추진해야 합니다. 이는 단순한 학술 교류를 넘어, 서울의 도시 문제를 글로벌 연구 과제와 연결하고 세계 최고 수준의 연구 성과가 다시 서울의 정책과 현장으로 환류되는 통로가 될 것입니다. 이러한 협력의 구심점으로 세계의 시장들이 모이는 AI 써밋(AI summit)을 정례적으로 개최해, 세계가 벤치마킹하는 한강AI를 그려봅니다.

제가 생각하는 한강AI는 결국 서울의 AI 전략을 '기술 정책'이 아니라 도시의 기회 정책으로 바꾸는 장치입니다. 시민의 삶 한가운데로 AI를 가지고 오고, 자신의 권리로서 AI를 누릴 수 있게 되는 겁니다. 스타트업과 중소기업은 성장할 기회를 얻고 시민들의 사회적 고민은 실마리를 찾을 수 있게 되는 AI도시, 이것이 기회특별시인 서울의 미래가 되어야 합니다.

3. 서울 맥시멈 — 아시아 최대 바이오 혁신도시

서울의 또 하나의 미래로 '바이오 혁신 도시'를 제안합니다. 서울에는 세계 최고 수준의 대형 병원들이 밀집해 있고 임상실험 세계 1위라는 독보적인 연구 성과와 그에 따른 임상 데이터를 가지고 있습니다. 그뿐 아니라 서울에는 대학이 밀집되어 있어서 과학기술 분야의 연구가 활발히 진행될 수 있다는 장점도 있습니다. 이들 연구 성과와 데이터를 연결하면 바이오산업은 폭발적으로 성장할 수 있습니다.

물론 바이오산업은 단기간의 성과를 내는 산업은 아닙니다만 한번 기틀이 마련되면 장기적으로 안정적인 일자리와 고부가가치를 창출합니다. 연구자, 의료진, 데이터 과학자, 엔지니어가 함께 일하는 산업 구조는 서울의 인재 밀도와도 잘 맞습니다. 제조업 중심의 성장 모델이 한계에 다다른 지금, 서울은 사람과 지식, 데이터를 중심으로 성장하는 바이오산업을 핵심 동력으로 삼아야 합니다.

또한 바이오는 서울이 직면한 도시 문제와도 직접적으로 연결됩니다. 고령화, 만성질환 증가, 의료비 부담, 돌봄 인력 부족과 같은 문제는 더 이상 복지 정책만으로 해결하기 어렵습니다. 정밀 의료, 디지털 헬스케어, 바이오 기반 예방 기술은 도시의 의료·돌봄 시스템 자체를 바꾸는 해법이 됩니다. 바이오 혁신은 산업 정책이면서 동시에 도시 정책이 될 수 있습니다.

이러한 조건을 종합해보면, 서울은 아시아를 넘어 세계 최고의 바이오 관문으로 도약할 수 있는 충분한 가능성을 가지고 있습니다. 서울시에서 이뤄지는 임상과 데이터와 연구 역량을 기반으로 세계 3대 바이오 클러스터로 성장해야 합니다. 서울이 가진 의료 인프라와 인재, 데이터가 하나의 전략으로 묶일 때, 바이오는 서울의 가장 강력한 미래 자산이 될 것입니다.

서울의 각 지역을 클러스터와 샌드박스로

서울이 바이오를 핵심 산업으로 키우기 위해서는, 흩어진 자원을 모아 점과 점을 선으로 연결하고, 그 선을 모아 면으로 확장해 도형으로 완성하는 전략이 필요합니다. 바이오산업화의 전 과정인 연구, 창업, 임상, 생산, 해외 진출이 분절되지 않고 하나의 흐름으로 이어지는 구조를 만들어야 합니다. 이를 위해 서울의 곳곳에 바이오산업의 전주기 생태계를 구축해야 합니다.

대표적으로는 이미 서울바이오허브가 있는 홍릉-창동·상계-태릉으로 이어지는 동북권 바이오 R&D 클러스터가 있습니다. 이들 지역은 홍릉을 중심으로 이미 대학과 연구기관, 병원이 밀집해 있어 바이오 혁신의 토대를 갖추고 있습니다. 현재 서울바이오허브는 홍릉에 있는 건물을 중심으로 바이오 스타트업 기업이 연구와 개발을 진행하고 있습니다. 다만 '서울바이오허브'라는 거창한 이름과는 다르게 서울시의 지원이라고는 건물 하나와 터무니없이 부족한 지원금이 전부입니다. 이마저 인프라 구축 예산이 약 5000억 원에서 1600억 원이나 깎인 상태입니다. 바이오 허브에 걸맞은 지원이 이뤄져야 합니다.

서울바이오허브의 새로운 설계도면을 보여드리면 이렇습니다. 동북 바이오 R&D 클러스터에서 홍릉은 초기 창업과 연구 연계를 담당하는 거점이 되어야 합니다. 창업 초기 기업과 연구자가 밀접하게 협력하며 기술을 검증하고 사업화를 준비하는 공간으로 기능하게 하고, 창동·상계는 일정 단계 이상 성장한 기업들이 스케일업을 이루는 중견기업 성장 거점으로 육성하는 겁니다. 생산 역량과 조직 확대, 글로벌 진출을 준비하는 기업들이 안정적으로 자리 잡을 수 있는 환경을 만드는 거죠. 태릉 일대는 바이오 연구와 산업을 뒷받침하는 R&D 기반 시설과 물류, 생산 인프라를 담당해야 합니다. 특히 지역 주민이 수용 가능한 클린 산업 중심의 배후 인프라를 구축해야 합니다.

이 클러스터가 제대로 작동하게 만들려면 민·관·학·연 협력 구조가 필수적입니다. 바이오 대기업과 중소기업, 스타트업, 투자사, 유통·마케팅 기업, 특허·법률 전문가가 함께 참여하는 네트워크를 형성하고 동시에 보건복지부와 산업부, 중기부 산하의 주요 바이오 관련 공공기관이 홍릉 바이오 클러스터와 유기적으로 연결되거나 이전하는 방안도 검토해야 합니다. 연구와 행정, 자금이 분리되지 않는 구조를 만들어야 합니다.

또 가능성을 확장시키려면 병원과 연구를 하나로 묶는 컨트롤 타워도 필요할 것입니다. 미국 보스턴에는 대형 병원 연합 모델이 있어서 여러 연구의 교류가 가능한 시스템이 있습니다. 홍릉 바이오 R&D

클러스터 내에 병원 연합 플랫폼을 구축하고 임상 연계, 국내외 자금 유치, 글로벌 협력을 총괄하는 체계를 만든다면, 이를 통한 글로벌 제약사의 연구 거점 유치도 가능해질 것입니다. 그렇게 된다면 서울을 기반으로 성장하는 바이오 유니콘 기업을 지속적으로 배출할 수 있는 토대가 마련될 수 있습니다.

이런 연구단지를 설계하는 것과 동시에 진행해야 하는 것이 바로 바이오 혁신을 가로막는 규제와 제도의 전환입니다. 바이오산업은 기술보다 제도가 늦을 때 성장 엔진이 꺼지기 마련입니다. 홍릉-창동·상계-태릉을 바이오 특구로 지정하고 규제샌드박스를 적용해야 합니다. 안전을 전제로 하되, 실증과 임상이 가능하도록 규제를 설계해야 합니다.

이런 거점을 서울 동북권에만 제한하지 않고, 서울 곳곳에 조성해야 합니다. 서남권에는 구로와 구로디지털단지 인근에 의료기기들과 디지털 헬스케어 제품들을 제조하는 곳들이 많습니다. 검증된 솔루션의 임상부터 제품화, 인허가에서 유통과 수출까지 끝낼 수 있는 서남권 디지털 헬스밸리를 클러스터로 설정하고, 마곡 쪽어는 바이오 벤처 등을 벤처와 연계할 수 있도록 해야 합니다. 이를 뒷받침하기 위해 바이오·의료기기·디지털 헬스 산업 육성을 위한 법적 기반을 마련해야 합니다. 조례 제정을 통해 서울시 차원의 역할과 지원 근거를 명확히 하고, 단기 사업이 아니라 10년을 내다보는 서울 바이오헬스 마스터플랜을 수립해야 합니다. 정책의 일관성과 예측 가능성이 바이오산업의 신뢰와 성장을 만들 수 있습니다.

서울을 대한민국 넘어 아시아 최대 바이오·헬스 게이트웨이로

앞서서 말씀드린 대로 서울은 엄청난 양의 임상 데이터와 인적 자원, 대학의 연구 자료와 지역 인프라가 깔려 바이오산업이 성장하기에 가장 좋은 조건들을 가지고 있습니다. 이 정도 규모의 조건은 세계 어느 도시를 봐도 많지 않습니다. 앞선 바이오 성장 전략이 제대로 작동한다면 서울을 아시아 최대의 바이오·헬스 게이트웨이로 만들 수 있습니다. 현재의 잠재력에 정부의 지원이 보태진다면 수출 다변화를 꾀하는 대기업들에게도 멋진 사업 전략이 될 것입니다.

그런 측면에서 서울은 아시아와 북미, 유럽을 연결하는 연구와 사업의 중간 기착지가 될 수 있습니다. 싱가포르, 상하이, 도쿄에 이어 선택받는 도시가 아니라, 이들을 연결하는 중심 도시가 되어야 합니다.

이를 위해 아시아 최대 규모의 바이오 파트너링 컨퍼런스를 서울에서 정례적으로 개최하여 연구자, 기업, 투자자가 서울에 모여 기술과 자본, 협력을 논의하는 장을 만들어야 합니다. 기존 의료기기 전시회를 확장한 서울 메드테크 엑스포를 통해 연구 성과가 시장으로 이어지는 통로도 강화해야 합니다. 서울은 세계로 향하는 관문이자 출발점이 될 수 있습니다.

이러한 전략이 하나로 작동할 때, 바이오는 서울의 핵심 산업이 되고, 일자리를 만들고, 시민의 건강을 지키며, 도시의 미래 경쟁력을 책임지는 산업으로 자리 잡게 됩니다. 그렇게 서울은 바이오산업으로 미래를 설계하는 도시가 되어야 합니다.

4. 서울 맥시멈 — 세계문화도시

몇 년 전 제가 대한민국의 문화적 위상을 실감했던 한 장면이 있었습니다. 세계 음악시장의 정점에 있는 BTS가 시상식에서 전했던 수상소감이었습니다.

"이 상을 받으며 김구 선생이 말씀하신 '오직 갖고 싶은 것은 높은 문화의 힘이다'라는 말이 생각납니다. 문화를 향유함으로써 사람이 사람다워진다고 생각합니다. 그 무형의 힘이 우리가 하는 음악에도 많은 영감을 줍니다. 아티스트뿐만 아니라 스태프들, 팬분들, 소비자 분들께 감사드립니다."

100여 년 전 독립운동가이자 정치인이 남긴 문화에 대한 신념과 소망이 실현됐다는 사실에 한동안 말을 잇지 못할 감동을 받았습니다.

게다가 수상소감을 전하는 뮤지션의 성숙한 감사 인사가 다시 한번 저를 놀라게 했습니다. 감사의 대상은 기획사 대표나 회사의 직원들이 아닌 문화의 '소비자'들이었습니다. 문화의 주인이 창작자에서 소비자로 확대되고 있다는 사실을 깨달았습니다.

이 대목에서 서울시 역할에 대한 고민을 하게 됩니다. 문화를 개인 창작자의 성취를 넘어 시민 모두가 공유하는 도시가 되려면 어떻게 해야 할까요? 소비하는 행위 자체가 도시의 힘이 되는 도시가 되어야 합니다. 한국의 문화는 창작자의 지적재산권을 기반으로 도시와 시민이 함께 공유하는 문화자산이 되고 있습니다.

대한민국은 이제 K-컬처를 통해 이미 세계 문화의 중심이 됐습니다. K-팝, K-무비, K-드라마, K-웹툰, K-문학, K-뷰티, K-푸드까지. K-컬처는 일시적 유행이 아닌 새로운 흐름으로 자리 잡고 있습니다. 그에 비해, K-컬처에 열광해 서울로 몰리는 전 세계 청년들에게 그간 서울은 주체의 도시로 자리매김해 왔는지 묻지 않을 수 없습니다. 서울은 대한민국 청년 아티스트들이 세우고, 100년의 역사가 기틀을 만든 K-컬처의 성지가 돼야 합니다. 지금까지는 '현상'에 기대 개별 건축물이나 행사 중심으로 K-컬처의 단발적 특수만 누리려 해왔습니다.

서울은 이미 시민이 공연과 전시를 일상처럼 누리고, 거리와 공공의 공간에서 예술을 만나는 도시가 되고 있습니다. 문화는 시민의 삶의 질을 결정하는 핵심 요소입니다. 창작자는 자유로운 창작활동을 하고 시민은 그에 호응하며 향유하는 문화가 자리 잡아야 합니다. 그것만이 진정한 문화도시의 모습입니다.

이제 서울은 단지 콘텐츠를 생산하는 도시가 아니라, 문화가 창조되고 유통되고 소비되며, 다시 창작으로 이어지는 순환 구조를 갖춘 도시로 나아가야 합니다. 세계가 주목하는 K-컬처의 무대가 일회성 방문지가 아니라, 머물고 연결되는 플랫폼이 되도록 해야 합니다. 이것이 서울이 문화로 미래를 설계해야 하는 이유입니다.

K-컬처를 새로운 산업으로

서울이 문화를 핵심 산업으로 키우기 위해서는 상징적 시설 하나를 짓는 수준을 넘어, 창작·유통·소비·비즈니스가 동시에 작동하는 구조를 만들어야 합니다. 문화는 현상과 행사로 끝날 것이 아니라, 도시 경제를 이끌어가는 산업의 견인차 역할을 할 수 있습니다.

세계 K-팝 팬들이 의아해하는 것 중 하나가, 서울시가 주도하는 세계적인 K-팝 공연이 없다는 겁니다. "왜 서울에는 공연이 없지?" 그들은 고개를 갸웃합니다. K-팝뿐 아니라 세계적인 아티스트들의 내한 공연도 마찬가지입니다. 대한민국 인근의 중국, 일본, 가까운 동남아시아에서 활발히 열리고 있는 초대형 공연이 세계적인 도시 서울에서는 드문 광경입니다. 이유는 명확합니다. 서울에는 안정적으로 수용할 대형 공연장이 부족하기 때문입니다. 현재는 체육관이나 월드컵경기장을 임시로 활용하는 방식에 의존하고 있으며, 이는 공연 품질과 산업 확장에 있어 분명한 한계를 드러내고 있습니다. 전 세계 음악 팬들을 불러모을 서울의 공연 전용 5만 석 규모 슈퍼 아레나를 만들어야 합니다.

공연장 건립은 끝이 아니라 K-팝 시장의 시작입니다. '스위프트노믹스'라는 경제용어가 있습니다. 세계적으로 유명한 테일러 스위프트의 공연에서 딴 용어입니다. 공연 한 번에 그 도시의 GRDP가 많게는 10%까지 증가하는 이례적인 현상을 일컫는 말입니다. 공연을 찾는 소비자들은 공연만 보고 가지 않습니다. 숙박·관광·음식·쇼핑에 이르는 여러 가지 지역경제 활성화에 기여합니다. 따라서 제가 제안하는 '슈퍼 아레나'는 단순한 공연장 하나가 아니라, 복합문화 경제시설입니다. 공연문화와 지역경제가 톱니바퀴처럼 맞물리는 모델입니다.

또한 공연이 열리는 잠실종합운동장과 올림픽공원을 대규모 아레나와 유기적으로 연계해, 스포츠와 문화가 결합된 특화 벨트를 조성해야 합니다. 이 일대는 대형 공연, 국제 스포츠 이벤트, 글로벌 페스티벌이 상시적으로 열리는 서울의 대표 문화·엔터테인먼트 중심지로 탈바꿈하는 것이죠. 현재 부실한 복합문화공간 탓에, BTS의 팬덤 아미는 하이브 사옥 앞에서 인증 샷을 찍고, 또 다른 팬들은 SM 사옥 인근 서울숲에서 K-팝 스타들의 사진을 구경하고 가는 게 전부입니다. 세계의 K-팝 팬들이 머무르고 놀 수 있는 콘텐츠를 제공해야 합니다. 세계인들에게 서울은 '선망의 도시 K-도시, 서울'이 될 수 있습니다.

또 다른 산업모델로, 기술 산업에 CES가 있다면, 문화 콘텐츠 산업에는 서울이 중심이 되는 엑스포가 필요합니다. 서울은 매년 정례적으로 글로벌 콘텐츠 산업이 모이는 서울 K-콘텐츠 엑스포를 개최해야 합니다. 이 행사는 전시만이 아니라, 콘텐츠 산업의 흐름을 결정하는 비즈니스 플랫폼이 되어야 합니다. 엑스포는 K-팝, 영화, 드라마, 게임, 웹툰, K-문학, 애니메이션 등 분야별 콘텐츠 기업과 글로벌 플랫폼, 투자자, 제작사가 한자리에 모이는 구조로 설계하고 동시에 전 세계 팬덤이 직접 참여할 수 있는 공개 프로그램을 병행한다면 산업이 곧 경제가 되고, 경쟁력이 될 수 있습니다. K-콘텐츠 엑스포를 통해 서울이 콘텐츠 비즈니스의 기준점이 되고 K-콘텐츠 자체로 브랜드가 될 수 있을 것입니다.

K-콘텐츠 이외에도 서울이 가진 장점은 이미 충분히 역량을 갖춘 산업도시라는 것입니다. 국제적인 위상에 걸맞은 대규모의 국제포럼과 회의를 유치하고 있고 이에 따른 MICE산업은 관광 산업의 큰 축이 되었습니다. 이제 서울은 단순히 회의를 주도하는 라운드테이블을 제공하는 도시가 아니라, 이를 계기로 고부가가치 산업을 개발하는 세계 1위의 MICE 도시로 나아가야 할 때입니다.

현재 활성화되어 있는 양재와 코엑스 인근의 MICE 외에도 강남, 명동 등 주요 관광특구와 연계해 의료·웰니스 관광 클러스터를 조성할 수 있습니다. 비즈니스 방문객이 회의 참석에 그치지 않고, 서울의 의료서비스, 전통문화, 휴식 프로그램을 함께 체험하도록 프로그램을 만들고, 단기 방문이 장기 체류로 이어질 수 있도록 패키지와 인프라를 설계해야 합니다. 이렇게 되면 관광객 1인당 소비는 크게 증가하고, 서울의 관광 산업은 질적 성장으로 전환될 수 있습니다. MICE는 문화 산업과 결합될 때 시너지 효과를 냅니다.

우리의 K-컬처를 더 널리

외국인 관광객들은 한국을 찾았을 때 가장 매력적인 서울의 전경으로 바로 남산과 한강을 꼽습니다. 대한민국의 서울은 도심 한복판에 역사문화유산이 있고, 그 바로 옆에는 첨단이 있습니다.

서울 전역을 문화적 특성에 따라 잇는 '문화 관문(Culture Gateway)' 전략이 필요합니다. 먼저 지역의 특성과 역사, 이미 형성된 문화 자산을 살려 권역별로 연결해야 합니다. 앞서 말한 서울의 중심에는 소위 사대문으로 대표되는 여러 궁과 종묘 등의 역사문화 유적 중심으로, 서북권은 상암 DMC를 중심으로 수색, 신촌, 홍대를 잇는 방송·미디어·콘텐츠 중심으로, 서남권은 문래 창작촌을 중심으로 문화와 스포츠가 결합된 지역 밀착형 허브로 발전시키고, 동남권은 잠실과 삼성동을 잇는 MICE·엔터테인먼트 벨트를 강화해 글로벌 문화 소비의 중심으로 만들어야 합니다.

이 권역별 클러스터는 예술가에게는 안정적인 창작 기반을 제공하고, 시민에게는 일상 속에서 문화를 누릴 수 있는 공간이 될 겁니다. 문화는 특정 지역에만 집중되지 않고, 도시 전체에 분산돼야 합니다.

또한 이런 새로운 문화를 생산하는 동시에, 그 역사를 체계적으로 보존해야 합니다. K-문화의 기록이 개인이나 기업에 흩어져 사라지지 않도록, 공공 차원의 기록 인프라가 필요합니다. 이를 위해 K-콘텐츠 라키비움을 제안합니다. 라키비움은 도서관(Library)·기록관(Archive)·박물관(Museum)을 합친 합성어로, 세 기관의 기능을 아우르는 복합문화공간을 뜻합니다. 또한 각 25개 자치구마다 서울 크리에이티브 랩(AI Creative Lab)을 설치해, AI 기술을 활용한 창작 실험이 지역 단위에서 이루어지도록 해야 합니다. 기술과 예술이 결합된 창작 환경을 일상적으로 제공함으로써, 서울은 미래형 문화 생태계를 선도하는 도시가 됩니다.

5. 서울 맥시멈 — 녹색도시로의 전환

저의 마지막 제안은 '기후'와 '자연환경'에 관한 것입니다. 기후위기의 상황에서 녹색도시는 더 이상 선택의 문제가 아닙니다. 녹색은 이제 인류의 생존 가치입니다. '녹색도시'로의 여정은 당장 눈앞의 성과를 내지 못하더라도, 반드시 가야 할 방향입니다. 기후위기는 어느 날갑자기 닥치는 사건이 아니라 매일 조금씩 축적되는 구조적 변화이기 때문입니다. 지금 결단하고 실천하지 않으면, 기후는 우리의 사랑스러운 아이들에게 어떤 역습을 감행해올지 모릅니다. 녹색으로의 전환은 미룰 수 없는 과제이며, 우리 모두가 함께 감당해야 할 책무입니다. 그리고 도시의 성장력을 저해하는 요소를 선제적으로 막는다는 의미에서, 녹색은 또 다른 이름의 '기회'입니다.

서울은 이미 기후 변화의 최전선에 서 있습니다. 인구와 에너지가 고도로 밀집된 도시 구조 속에서 폭염은 일상이 되었고, 에너지 소비의 불균형은 점점 심화되고 있습니다. 신재생에너지 보급률과 전력 자립률 모두 대도시로서의 위상에 걸맞지 않은 수준에 머물러 있습니다. 이 구조를 바꾸지 않는 한, 서울의 기후위기는 반복될 수밖에 없습니다. 게다가 기후위기는 앞에서 언급했듯 사회 양극화를 부추깁니다. 고소득층은 더위를 피하거나 되레 즐기고, 저소득층은 폭염에 쓰러집니다.

그동안의 기후 정책이 선언에 머물렀다면, 이제는 도시의 작동 방식 자체를 바꾸는 단계로 나아가야 합니다. 에너지를 외부에서 끌어다 쓰는 도시에서, 스스로 에너지를 만들어 쓰는 도시로 전환해야 합니다. 자동차 중심의 공간에서, 사람과 보행 중심의 도시 공간으로 재편해야 합니다. 녹색도시는 성장을 멈추지 않고 오히려 지속가능한 성장의 조건을 새롭게 만드는 도시입니다. 에너지 자립을 높이고, 생활공간을 바꾸며, 기후위기를 새로운 기회로 전환하는 전략이 필요합니다. 이러한 선택이 당장엔 박수를 받지 못할 수 있어도 실천하며 기다려야, 서울의 녹색미래도 도래할 것입니다.

기회로의 녹색전환은 에너지의 생산과 소비 방식, 이동의 구조, 도시 공간의 쓰임을 점차 바꾸는 방식으로 새로운 에너지 기회를 만들 수 있습니다. 이런 전환을 작동하게 하기 위해선 어떤 장치들이 필요할까요?

내연기관 제로

먼저 온실가스를 줄여야 합니다. 서울이 기후위기 시대에 지속가능한 도시로 남기 위해서 가장 먼저 해야 할 것은 온실가스를 배출하는 내연가스 중심의 이동수단을 바꾸는 것입니다. 자동차, 버스, 오토바이 등 내연기관 중심의 교통수단들은 자연스럽게 사라지지 않습니다. 강력한 공공의 의지를 발휘하여 차분히 긴 호흡의 계획을 가지고 점차적으로 숫자를 줄여야 합니다. 그중에서도 서울시가 할 수 있는 것은 대중교통을 전환하는 것입니다. 먼저 아주 가까운 시일 내에 시내버스를 전면 친환경 차량으로 전환하고, 택시 전량을 전기·수소차로 바꾸도록 지원하고 그렇지 않은 경우에는 강력한 제재를 가하는 것이죠. 대중교통 부문에서만큼은 서울시가 선도적으로 온실가스 배출 제로를 기준으로 삼아야 합니다.

이와 함께 도시의 이동 질서 역시 바뀌어야 합니다. 도시의 철학을 차가 우선인 도시에서 보행을 우선하는 도시로 바꾸어야 합니다. 보도를 넓히고 곳곳에 작지만 예쁘고 쉬기 좋은 공간을 확보하여 걷는 것이 즐거운 도시를 만든다면, 더 많은 사람들이 일정 거리는 기꺼이 걸어다니는 도시가 될 수 있습니다. 다른 한편으로 현재는 서울의 한정적인 곳에만 시행되고 있는 녹색교통지역을 기존 지역을 넘어 도심 전면에 확대하는 것이죠. 공해 차량의 도심 진입을 엄격히 관리하는 대신, 친환경 이동수단과 대중교통의 이동을 자유롭게 허락한다면 서울은 좀더 쾌적한 도시가 될 수 있습니다. 이러한 전환이 이루어질 때 서울은 이동의 기준을 새롭게 쓰는 도시가 될 것입니다. 내연기관 시대를 계획적으로 마무리하는 정책은 기후 정책이자, 서울 사람들의 삶의 질을 높이는 도시 전략이 될 것입니다.

지능형 에너지 자립도시

서울은 굉장한 에너지를 사용하는 도시입니다. 애초에 인구가 많습니다. 그리고 에너지를 많이 쓰는 연구기관 및 회사도 많습니다. 그래서 현재 서울을 에너지의 관점에서 규정하자면 에너지를 소비하는 도시입니다. 문제는 서울을 분산형 에너지 경제로 전환하지 않으면 기후위기에 가장 취약한 공간이라는 것이죠. 서울이 기후위기 시대에도 안정적으로 작동하기 위해서는 에너지를 쓰는 방식 자체를 바꾸어야 합니다. 지금까지의 중앙 집중형 전력 체제는 평상시에는 효율적이지만 폭염과 한파처럼 에너지의 수요가 급증할 때는 도시 전체가 에너지 수급에 문제가 생기기 마련입니다. 대규모 발전소와 송전망에 과도하게 의존하는 구조는 도시 전체를 불안에 빠뜨릴 수 있는 위협 요소입니다.

이러한 한계를 극복하기 위한 재미있는 해법 중 하나가 전기차와 전력망을 연결하는 양방향 전력체계, 흔히 V2G˙라고 부르는 기술입니다. V2G는 전기차를 이동수단으로만 쓰는 게 아니라 에너지를 저장하고 다시 공급할 수 있는, 말하자면 서울의 이동식 배터리로 사용하는 전략입니다. 전기 값이 싸고 사용하지 않는 저녁 시간에는 전력을 차량에 저장하고, 전력 수요가 급증하는 시간인 낮에는 차량에 저장된 전력을 다시 전력망으로 보내는 구조입니다. 우리가 흔히 사용하는 보조배터리와 방식이 비슷합니다. 밤에 충전해서 낮에 쓰는 거죠. 이걸 전기차량으로 생각을 전환한 겁니다. 이 방식으로 서울은 전력 소비의 피크를 낮추고, 전력 공급의 불안을 완화할 수 있습니다.

V2G가 본격적으로 작동하게 된다면, 발전대를 짓지 않아도 추가

• V2G(Vehicle-to-Grid)는 전기차 배터리에 저장된 전력을 필요에 따라 다시 전력망으로 보내거나 건물에 공급할 수 있는 기술이다.

적인 전력 자원을 확보하게 됩니다. 만약 2030년까지 전기차 100만 대가 보급된다면 거의 원자력 발전소 3기에 해당하는 전력을 대체할 수 있는 '가상 발전소'가 서울 곳곳에 돌아다니게 만들 수 있습니다. 수많은 차량이 시민의 일상을 지키는 에너지 인프라가 되는 것이죠. 이 정책은 효율적인 것과 동시에 예방적인 차원이 있습니다. 만약 서울 전체에 전력을 공급할 수 없는 위기 상황이 와도 서울 곳곳에 퍼진 100만 대의 배터리는 서울의 기본 기능을 지켜내는 강력한 안전망이 되어줄 것입니다.

전기차 이외에도 마이크로그리드는 이러한 에너지 분산형 구조를 도시 공간에 구체화하는 장치입니다. 마이크로그리드는 특정 지역이나 시설 단위에서 전력을 직접 생산하고 저장하는 소규모 전력망을 뜻하는 말입니다. 필요할 경우 외부 전력망과 분리되어 독립적으로 운영할 수 있기도 합니다. 전기를 많이 쓰는 대학이나 병원, 연구시설과 같은 큰 거점에는 마이크로그리드를 구축하게 되면 평소에는 전체 전력의 일부를 자체 생산해서 사용하여 에너지 효율을 높일 수 있습니다.

마이크로그리드는 재난이나 대규모 정전 상황에서 더욱 빛을 발합니다. 병원과 연구시설, 공공 인프라 등은 언제나 기능을 유지할 수 있어야 합니다. 예를 들어 병원이 대표적이죠. 수많은 환자가 여러 기계들에 의존해 생명을 이어가고 있습니다. 그런데 만약 전력 수급에 문제가 생겨서 병원에 전력이 공급되지 않는다면 어떻게 될까요? 이런 상황에서 마이크로그리드는 진가를 발휘합니다. 자체 전력을 이용해 최소한은 유지할 수 있습니다. 외부 상황에 휘둘리지 않고 도시의 생명선을 지켜낼 수 있게 되는 것이죠. 서울 전역에 최소 100여 개소 이상의 마이크로그리드를 구축하는 것은 에너지 정책을 넘어 도시 안전 정책의 핵심 과제입니다.

V2G와 마이크로그리드가 결합될 때, 서울의 에너지 체계는 달라집니다. 에너지는 소수의 발전소에서 일방적으로 공급되는 자원이 아니라, 도시 곳곳에서 생성되고 저장되며 순환하는 공공 자산이 됩니다. 서울은 에너지를 소비하는 도시에서 관리하고 분산시키는 도시로 전환하게 됩니다. 이것이 기후위기 시대에 서울이 선택해야 할 새로운 에너지 전략입니다.

태양광이 없으면, 건축도 없어야

서울이 탄소중립 도시로 전환하기 위해 가장 먼저 바뀌어야 할 영역은 건물입니다. 서울의 온실가스 배출 대부분은 건물에서 발생합니다. 생활과 깊게 연결되어 있기 때문이죠. 사실 교통이나 산업 부문만으로는 녹색전환의 한계가 분명합니다. 건물을 바꾸지 않고서는 서울의 탄소중립은 제대로 실현되기 어렵습니다.

제로에너지건축물은 이러한 전환의 출발점입니다. 제로에너지건축물은 건물이 사용하는 에너지의 상당 부분을 스스로 생산하거나, 최소한 외부 에너지 의존을 극도로 낮춘 건축 기준을 의미합니다. 그러니까 건물의 사용 에너지와 생산 에너지의 합이 최종적으로 0(Net Zero)이 되는 건축물을 말합니다. 에너지 사용을 아주 최소한으로 줄이거나, 에너지를 생산해내는 등 여러 방식이 있습니다. 서울시가 녹색도시로 거듭나기 위해서는 이 제로에너지건축물 기준을 모든 신축 건물에 대해서 의무화하는 것입니다. 정부 로드맵보다 더 빠르게요. 대도시인 서울은 이런 그린 정책을 먼저 선도해야 합니다.

그런데 고층건물은 에너지 사용을 최소한으로 줄이는 방식이 어렵습니다. 그래서 제로에너지건축물 기준을 충족하기 위해서 에너지를 생산하는 방식을 사용합니다. 문제는 고층건물이 밀집한 서울에서는 건물 내부에 재생에너지 설비를 설치해도 제로에너지 기준에 부합하지 못하는 경우가 발생한다는 것입니다. 이를 보완하기 위해 대지 외 태양광 제도가 있습니다. 해당 건물 옥상이나 외벽에 재생에너지를 위한 시설 설치가 어려운 경우에 해당 건물이 아닌 다른 건물이나 외부 부지에라도 설치하게 하는 것이죠. 그 건물이 어렵다면 다른 곳에 설치하면 됩니다. 중요한 것은 형식적 기준이 아니라, 실제로 에너지 소비를 줄이고 탄소 배출을 낮추는 구조를 만드는 것입니다.

신축만으로는 충분하지 않습니다. 이미 존재하는 수많은 건물을 바꾸지 않고서는 전환은 완성되지 않습니다. 서울에 있는 노후 공공 건물 1532개소에 대한 그린리모델링도 시급합니다. 단열 강화, 고효율 설비 교체, 에너지 관리 시스템 도입을 통해 건물의 에너지 성능을 근본적으로 개선해야 합니다. 단기적으로는 예산이 지출될 수 있겠지만 장기적으로 에너지 비용을 절감하고 탄소 배출을 줄이는 가장 확실한 투자입니다.

특히 임대주택에 대한 그린리모델링은 기후 정책을 넘어 주거 복지 정책의 핵심입니다. 단열과 창호 성능이 낮은 주거 환경에서는 냉·난방 비용이 가계 부담으로 직결됩니다. 에너지 효율 개선은 에너지 빈곤층의 부담을 줄이고, 생활의 질을 실질적으로 높이는 효과를 가져옵니다. 건물의 탄소중립은 환경만의 문제가 아니라, 시민의 삶과 직결된 정책입니다.

제로에너지건축물과 그린리모델링이 동시에 추진될 때, 서울은 에너지를 많이 쓰는 도시에서 에너지를 관리하는 도시로 전환됩니다. 서울은 복잡한 도시입니다. 미래 세대를 지키기 위해서, 서민의 가계 부담을 낮추기 위해서, 도시의 최저 안전망을 지키기 위해서, 한쪽 측면만을 위한 것이 아니라 다면적인 측면에서도 녹색도시가 되는 것은 서울에게도 가장 좋은 선택지입니다. 기후 친화도시 서울, 녹색도시 서울이 되는 것은 도시의 체질을 바꾸는 일이며, 기후위기 시대에 서울이 경쟁력 있는 도시로 남기 위한 가장 현실적인 경로입니다.

서울은 달라져야 합니다,
우리는 할 수 있습니다

위기는 때로 기회가 되기도 합니다. 어떤 위기는 우리 사회를 더 나은 방향으로 바꾸는 출발점이 되기 때문입니다. 이런 변화를 만들어내기 위해서는 정치의 역할이 매우 중요합니다. 어떤 선택을 하느냐, 또 그 선택을 어떻게 만들어가느냐에 따라 사회의 방향은 크게 달라집니다. 정치는 바로 그런 중요한 영향을 미칩니다. '1차 대전 이후 경제적 어려움을 해결하기 위한 독일정치가 선택한 길'과 '대공황 이후 위기를 극복하기 위한 미국정치가 선택한 길'은 달랐습니다.

앞서 우리나라와 서울의 과거와 현재를 살펴보았고, 우리나라의 미래 특히 서울의 미래를 활력 있게 만들 수 있는 정책적 수단들도 둘러보았습니다. 제가 오랫동안 고민하고 그려왔던 정책들이 지금과는 다른 서울의 미래 청사진이 될 거라고 확신합니다. 그러나 하나하나의 정책수단들이 가져올 변화를 넘어서서, 보다 근본적인 변화도 필요합니다.

우리는 저출생 고령화, 기후위기, 급변하는 AI 전환에 따른 산업과 일자리 위협 등 다양한 변화와 위기에 직면했습니다. 이는 우리의 삶에 막대한 영향을 끼칠 것입니다. 게다가 최근 대전-충남, 광주-전남이 통합되어 새로운 특별시로 태어나려 하고 있습니다. 서울과 경쟁하게 될 것입니다. 대통령 집무실 이전과 국회 이전으로 서울은 정치수도로서의 위상은 약해질 것이기에, 현재 서울의 역할과 지위에도 상당한 변화가 따를 것으로 예상됩니다. 이러한 문제들에 효율적으로 대응하기 위해서는 우리 사회와 서울시가 그동안 거쳐왔던 경로를 재구성해야 합니다. 성공을 위해 취해왔던 방식도 되돌아보고 고쳐야 한다면 근본적으로 과감하게 수정해야 합니다.

예를 들어보겠습니다. 앞서 살펴본 바와 같이, 저출생, 고령화의 경우 잠재성장률을 끌어내리는 주범입니다. 이 같은 문제를 먼저 경험한 대부분의 선진국들은 저출생, 고령화 문제를 극복하기 위해 여성의 경제활동 참여를 높이려고 노력해왔습니다. 우리도 이를 위해서는 사회의 돌봄체계를 촘촘하게 다시 짜고, 청년과 여성 등이 활발하게 경제활동을 할 수 있는 환경을 만들어야 합니다. 하나하나 쉽지 않은 일들입니다.

이런 쉽지 않은 일들을 과감하고 신속하게 그리고 지속적으로 해나가야 합니다. 그렇게 하기 위해서는 문제의 심각성을 함께 공감하고, 해결방식에 대한 사회구성원들의 높은 수준의 동의가 있어야 합니다. 그리고 높은 수준의 사회적 동의를 기반으로 시민들의 에너지를 모아가야 합니다.

이를 위해 서울시민의 의사를 한데 모으는 기구를 만들어 다양한 주제들을 지속적으로 논의해야 합니다. 예를 들어 시민이 참여할 수 있는 '시민의회' 같은 시민참여 대의기구를 만들어 운영하고, 전통적으로 시민들의 의견을 듣기 위해 많이 사용되어 왔던 '정책에 대한 시민들의 의견을 듣는 청(聽)책회', 타운홀 미팅도 적극적으로 활용하며, 주민참여예산제와 주민자치회의를 활성화하고, 보다 많은 시민들의 이야기를 보다 신속하게 청취할 수 있도록 AI 기반의 행정시스템을 구축해야 할 것입니다.

이렇게 수렴된 시민의 의견이 서울시 정책과 조례의 기반이 되어야 하며, 이것이 바로 '서울만의 헌법' 또는 '서울의 새로운 사회계약'이라고 할 수 있을 것입니다. 서울시민이라면 누구나 이러한 사회계약을 통해 서울시가 어떤 가치를 지향하고, 어떤 변화를 추구해가는지를 알 수 있으며, 또 이를 토대로 서울시의 공직자들에 대해 시민의 한 사람으로서 요구하고, 평가하고, 감시할 수 있습니다.

물론 이런 서울시민들의 사회계약은 고정불변의 것은 아닙니다. 끊임없는 토론 과정을 통해 언제라도 보다 나은 방향으로 수정되어야 합니다. 이것이야말로 생명력 있는 시민들의 사회계약이라고 할 것입니다.

최근 정치와 행정을 이분법적으로 보는 시각들이 있습니다. 정치

보다는 행정이 먼저라는 분도 있고, 행정보다는 정치가 먼저라는 분도 있습니다. 그러나 앞서 이야기한 것과 같이 서울은 막대한 변화를 요구받고 있는 상황입니다. 반성과 여과 없이 과거를 반복해서도 안 되고, 현재에 안주하는 데 급급한 방식도 턱없이 부족합니다. 현재는 미래를 내다보며 미래를 준비하는 시간이 되어야 할 것입니다.

이 책을 통해서, 제가 국회에서 어떤 문턱을 어떻게 낮췄는지 보여드렸습니다. 그리고 서울시민 50년, 서울의 정치인 10년의 시간 동안, 제가 보아온 서울이 마주할 미래, 그리고 정치권이 해야 할 일들을 정리했습니다. 이제 서울은 제대로 된 전환과 도약을 준비해야 합니다. 서울과 서울시민이 당면한 시대적 과제에 대한 시각과 인식에 따라, 서울의 미래가 달라질 것입니다. 여기에 더해, 체질을 바꾸는 근본적인 변화까지 이루어내야 합니다. 우리는 할 수 있습니다. 그리고 그 도전과 변화를 통해 서울이 대한민국 제1의 도시를 넘어 세계를 이끄는 미래의 도시로 성장할 것입니다.

정치는 도시를 바꾼다

서울 주민 박주민의 서울 재설계

초판 1쇄 발행 2026년 2월 13일
초판 2쇄 발행 2026년 2월 20일

지은이 박주민
펴낸이 이세연
편 집 김화영
디자인 북디자인 경놈
제 작 npaper
펴낸곳 도서출판 혜윰터
주 소 경기도 부천시 소사구 소사로 257, 6층 C08호

ⓒ 박주민 2026

ISBN 979-11-996852-3-9 (03330)